U0111786

大展好書　好書大展
品嘗好書　冠群可期

大展好書　好書大展
品嘗好書　冠群可期

少林功夫 27

少林

鷹爪鐵布衫

常加杰 編著

大展出版社有限公司

目　錄

第一章　少林古傳大力鷹爪功

本鷹爪功乃少林正宗真傳，由嵩山少林寺行腳僧志遠和尚傳於馮少臣，馮少臣傳徐畏三。徐畏三是浙江著名的擒拿大師，在南方武林中頗負盛名。

一、提壇功

先用一小口之壇，約重數斤者，此須視練者之原有指勁而定，不可固執，如練者鷹爪之力本可以提十斤之物者，則用十斤以上之壇；如練者鷹爪之力本不足提十斤之物者，則用十斤以下之壇。此指入手初時而言，所謂約重數斤者，即以此也。

以鷹爪扣於壇口，向上提起。（圖1－1～3）

初時必覺甚為費力，提起片刻，即須放下，不能耐久。練習日久之後，此種困難，必逐漸減少，終至於完全不覺，以指提壇，宛若拾芥。即歷時甚久，亦不覺其苦，至此則於壇中加鐵屑二三斤，再依法練之。歷若干時之後，時間亦無一定，視練時之勤惰而定矣，大概練至不覺其苦，而能持久不墜為止，再加二三斤，如此逐漸增加，苦練不已，由數斤而數十斤。至能以鷹爪之力而提取五十斤之壇，輕如拈羽，歷久而不覺其苦，則功造大成矣，以

指著人身，必可使人折服，而無能與抗矣。

　　唯此功夫，須由漸而入，不可越躐。每次加鐵屑，至多不得過三斤，若以貪功之故，而多加重量，非但不能猛進，反足以減少其進步，而興欲速則不達之歎。故練功不在於重量增加之速，而在於平時練習時間之長。大約每日分晨夕二度練習，每一度以練習一個時辰為限。如此勤行不怠，進步自能神速，若急躁而求功，其結果適得其反，決無良好之成績。

圖1-1

圖1-2

圖1-3

　　此項功夫，自始至終，大約三年之內，可以成就，其法既簡便易行，成功亦不至過分遲緩。故練習指功者，多從事於此，良非無故也。

二、石荸薺

　　石荸薺功夫之練法，與提壇相彷彿，唯以練功之具略異。而至入手之初，較為艱難耳，因壇口有邊緣可以借勁，石荸薺則並無邊緣可以借勁也。

　　以青石製成倒置之圓錐形，略如水果中之荸薺狀，其重量亦無一定，大約在入手之初，用二十斤者為度，不可再重矣。（圖1-4）

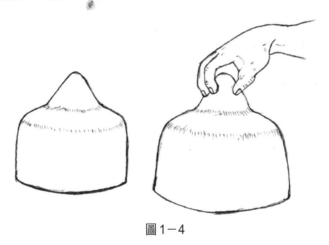

圖1-4

　　此法與前法稍異者，並不漸次遞加。此法入手即練較原有指力一倍以上之物，以後加重，亦以一倍為宜。廣闊之處在下，而銳端則向上，練者以鷹爪緊緊扣住其銳端相

近之處，用力上提。（圖1－5、6）

　　在入手之初，以數斤之指力，而提此十數斤之石莘薺，欲其應手離地而起，勢所不能，但明知其不能，而必依法勤加練習，以冀其能有提起之日耳。大約半年之後，即可離地矣。

　　唯離地提起，以其上無邊緣可以借勁，青石又為極滑之物，功夫未到，決不能懸空持久，提起即落，亦勢所必

圖1－5

圖1－6

然之事也。再加功苦練，功夫既達，自能逐漸持久矣。練至石莘薺可以應手而起，不覺沉滯，能歷一炊時許之久，則第一步功夫成矣。

如入手時所練之石莘薺，重量為二十斤者，至此即易為四十斤之石莘薺。依前法而勤練之，待功夫既深之後，此四十斤之石莘薺，亦能應手而起，輕如拾芥，縱歷久而不覺其沉滯欲墜者，則功造大成矣。

試思，以鷹爪手提一毫無借勁又極平滑之石莘薺，可以歷久不墜，其力之巨，已可想見，若用以拿人，若非鐵石所鑄之身，勢必不克當此鷹爪也。

此項功夫，較諸前一項，尤為厲害，因練時純憑指端之實力，無可假借，非功夫到家，決不能應手而起，非若提壇之有壇口邊緣之可借勁也。故彼縱練至提五十斤之壇，猶不若此能提四十斤石莘薺之力為巨也。唯此法在入手時較為艱苦耳。

三、拔椿功

其法以五尺長，腰圍六七寸之堅木一株，釘入土中，釘入土中約三尺，餘二尺露出地面，於椿旁之四周，更用磚石築入土中，務使結實，而椿不能移動分毫，亦正如建屋之築基礎。如不用磚石，則用同樣之椿，約長三尺者，依本椿之四周，密排而釘入之，全沒入土為度，排列既密，椿當自緊。總而言之，凡可以使原椿堅牢，不易有絲毫搖動者，其法皆可用。初不限於用磚石築實與排椿緊密二法也。

　　將椿釘牢之後，練者立其旁，以鷹爪扣住椿之上端，用力提拔，似欲將椿拔起。（圖1-7、8）

　　至指力不勝時，即稍休息，然後續行。或兩手交互而行之，每日分晨夕二次練習，每次以一個時辰為度，此外如遇閒暇時，多行幾次尤佳。

　　提拔之時，須用直勁向上，不可向旁扭拔。在入手之初，正如俗語所謂「蜻蜓撼石柱」，決難移動分毫。然每日勤行，指力逐漸增加至功夫到家之後，亦必有應手拔起之日也。如此朝暮練習，一年之後，其椿必能緩緩拔起，由分毫而盈寸，由寸而逐漸遞加，以至於能將全椿拔起，則指力亦已不弱。

　　如欲更進一步者，則可於樹木上行之。擇一株周圍約六七寸之樹，以鷹爪縱橫側緊緊扣住，用力向上提拔，右手扣時則反是。（圖1-9）

圖1-7　　　　　　　圖1-8

　　初時，樹僅能微微動搖，決不能使其根出土，因樹根分歧雜出，扳於土中，極為堅牢，較諸人工所釘之木樁，其反抗之力量，固不可同日而語，故不易使之出地也。加功苦練，勤行不怠，日久之後，功夫既深，自能逐漸將樹連根拔起。

　　然為時，非三年不可，練至能一舉手間而拔連根之樹，其指勁之大，以足驚人，著於人身，即不在關節等處，已足制敵，固不必再諳擒拿之法也。若練擒拿法者，以巧勁制人，指功固不可不練，然練至能將木樁拔起，亦已足矣。正不必多費光陰而至此絕境也。

圖1－9

四、鎖指功

初時空手練習，緊併中食二指，屈成環形，而以大拇指屈指置於中食二指之間，使三指頂相對，緊緊扣牢，掌心中空，虎口成圓形。猛力扣一炊時許，略舒指休息片刻，再依法緊扣之，每日有暇即行，不限次數。（圖1－10）

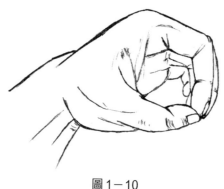

圖1－10

蓋此功初步，並不用器械練習，無論在何時何地，皆可隨意行之也，扣時宜將全身之力，運於鷹爪大、中、食三指之端，務須沉著，切不可貪省力。

空手勤行半年之後，則用一小圓木加於大、中、食三指之間，依法扣之，木長約三寸，周圍約一寸許，以梨、棗等木為合用，取其質地堅實也。如此更半年，再易以圓木而為鉛棍，大小長短，與圓木相等，亦以半年為期。鉛棍之後，更易鋼棍，依法練習半年，其功成矣。用以扣人身各部，亦可使敵折服。（圖1－11）

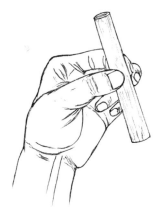

圖1-11

　　相傳此法為一大書法家所發明，蓋於無意中得之者，其人喜研究書法，唯苦所作之書，浮軟無力，乃於筆管中灌鉛數兩，每日以三指拈筆，懸腕臨摹，日必盡半日之力，而書擘窠大字者三百，勤行無間。其初，意不過求字之沉著有力，並非在武功上面著想也，如是者歷二十年，其書既成名，而指端之功夫，亦已成就。

　　顧其人不自知也，一日與友哄飲，友醉欲避席而去，其人以三指執其臂而拽之歸座，友忽狂叫而仆。視之，則所執之處，指痕宛然，青紫墳起，皮脫血出矣。然在執之者，固嘗亦未用力耳。於是，群相驚異，揣之其故，始悉其於灌鉛於管，日事臨池，而於無意中成此絕技也。

　　自是以後，其人除作書時外，恒以竹管戴於大、中、食三指之上，蓋以防不測也。後之練功者，以此為成法，而易筆桿為木棍及鉛、鋼等小棍，因有心練習之故。苦功大約費時三年，即可成就也。

五、拈花功

練習指面拈勁之法，亦名為拈花功。與以上各種功夫大同小異，唯著力之處，彼在指頂，此則在指面耳。

練習拈花功之初步，亦不必用何種器械，但以大、中、食三指面緊貼，略如鎖指狀，唯彼則扣三指使虎口成環形，此則拈三指使虎口三角形耳，指面相貼之處，以三指之第一節為限，指面緊貼之後，乃貫全臂之力於指，徐徐向外拈去，旋轉成小圓圈。（圖1－12）

圖1－12

由內向外旋若干次之後，更由外向內亦旋轉若干次，其數須相等，如外旋百度，內旋亦百度。每日不限次數，有暇即行，指如酸痛，則略事休息以舒之。因此等功夫，既無須乎器械，又不必擺出練功架子，無論何時何地，隨在可行，而旁人且不易覺察，故非常便利。

空手勤謹練習，半年之後，指面之力量，亦已不小，乃更取極大之黃豆三粒，用大、中、食三指拈住，依前

圖1-13

法運全臂之力於指面，推動三豆，使在三指間旋轉。（圖
1-13）

　　初時每不能掄轉如意，三豆且時有脫落之虞。練習一
二月之後，即可免去此弊。其旋轉之法，亦如空手時之
內外各旋若干度，至力疲時稍事休息再練。唯所用練功之
豆，須隨時更換，起初每日換二三次，以後逐漸增加，至
每一休息，換豆一次。此一步功夫，須練至以三指拈豆，
毫不用力，輕輕一旋轉間，即成粉屑，則可終了。

　　蓋擒拿法本利用巧勁，但借功力以為助者，練至如
此，亦已夠用，不必再求進步矣。若必欲求其功夫之更進
一層，則可於練豆之後，再換石子練之。石須堅實，如法
拈旋，唯石子之數，不限三粒，三粒可，即兩粒、一粒
亦無不可，直練至無論如何堅硬之石，一觸其指，即成粉
末，則功造大成。堅石觸之如此，若以爪加諸人之血肉之
軀，則鮮有不筋斷骨折者矣！

　　練習此等死功夫之後，每易於無意中傷人，即與人交
手用此等功夫以制敵，亦正嫌其太為狠毒，有傷陰德也，
故能練至拈豆使碎之時，即可停止。因已足制人，即恐強

悍之敵不易克，於其再費功夫練此死手，不若移而練擒拿之為佳。因練拈石，至少須三年，若移此三年之光陰而練習擒拿之法，亦足夠而有餘裕矣。學者其三復斯言。

拈勁之練習，除上述之一法外，猶有懸身以練習之者，其術之功效，似較上法為和緩而可取也。其法先在鐵槓之上，勤加練習，唯練此之鐵槓，宜較尋常所用者，加長一倍以上，其高度則與尋常者相似。

入手之初，練習者以兩手握住鐵槓，將身懸空，並無若何動作，至兩臂酸疲不堪時落下，休息片刻時，再繼續練習。（圖1-14）

圖1-14

　　每日晨夕各行一個時辰為度，固此一步功夫，不過練
習掌之力，於指勁無甚關係，經過數月之後，進而學習鉤
懸。

　　所謂鉤懸者，即以中食二指相併，屈指鉤住鐵槓，而
用兩大指環住鐵槓之下方，三指面相貼，而將全身懸於
槓上。此部功夫，乃用指節之力以為鉤，用指面之力以相
扣，猶為兼顧之練法，而非單練指功者也。（圖1－15）

圖1－15

　　此法亦至力盡而休息，以後續行。每日練習之時間相同，在初練時以指力不充足之故，決不能持久，練至功候既深之後，縱將全身鉤懸於鐵槓之上，經一時之久，其指與臂亦不覺酸楚，則可再進一步而練習拈懸矣。

　　所謂拈懸之法，即以兩手之大、中、食三指，拈住鐵槓，懸身空中也。蓋前法將指之鉤勁練足，更將其勁貫注於三指之面，拈住鐵槓而懸身也。此法較鉤懸為尤難。（圖1-16）

圖1-16

　　初時雖能拈住鐵槓而懸身，但瞬息之間，即不能耐而落下，或竟隨起隨落，每日勤行，此種困難，必逐日減少，終至與鉤懸相同，不覺其難，能持久歷一時而不落，則指面之力量已甚可觀。

　　然拈懸初時猶兩手同時用力者，更須以單手行之：如先用右手拈懸若干時，再用左手拈懸若干時，交互而行之，至亦能懸一時之久為止。此步由雙手進而單手，其效較速。（圖1－17）

圖1－17

以後，再用一手拈懸，而將前手釋去，再轉過身軀，以釋去之手拈懸，而釋去其後拈之手，全身亦隨之移動，由鐵槓之此端而移至彼端，再回向此端。如此往來復不息而練習活動之勁。（圖1－18）

唯在初時，因身體懸蕩而增加原有之重量，且轉移不定，每感困難，交替數次後，即不能支持而落下。加功勤習，日久之後，自能逐漸持久，以至任便往復若干次，亦不覺其困難。練至如此，其指端之力，固足驚人，而益以活動之法，更切於擒拿之用。

圖1－18

　　聞昔有一人，能以三指拈住屋中之椽子，循回屋中，疾如飛鳥！眾以亂箭射之而不能傷其毫髮，其技之神，可想而知。詢其練習之法，即從此懸身中練成者。

　　觀乎此，則懸身練習之法，不僅練得指勁，而為擒拿之助也。此法雖非完全柔功，但較諸其他一切死手，則相去已遠，不可同日而語矣。

六、臥虎功

　　臥虎功亦為練習鷹爪手指之勁與足趾之力者，以練時伏臥而行，故另一名之曰睡功。

　　先將身伏臥於地，各部挺直，足趾尖支地，兩手則置於頭部之兩旁，指尖向前，掌心貼地。（圖1－19）

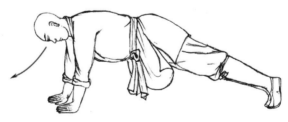

圖1－19

　　然後，運用臂、腿之力，將身撐起，至離地一尺光景時，緩緩將身向前探去，至極度時，兩足向後挫，身亦隨之後退，退至極度，再行前探，循環往復，力盡而止。唯自始自終，全身除足趾手掌之外，其餘各部，完全凌空，

不宜稍令貼地。初時行二三度之後，即覺力疲氣湧。習之既久，次數自能逐漸增加。（圖1－20、21）

一年之後，則完全不覺其苦，則易掌為拳，拄地而行之，即用兩手握拳，以拳面貼地，虎口則向前方，依前法而探、退之。（圖1－22～24）

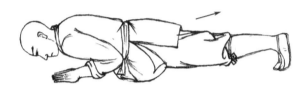

圖1－20

圖1－21

圖1－22

圖 1—23

圖 1—24

更越若干時之後，則再進一步，易拳為指而行之。
（圖1—25～27）

圖 1—25

圖1－26

圖1－27

更練習若干時，則單用一足之趾拄地，其另一足則迭置拄地之足跟上，依法練之，兩足交換而行。（圖1－28～30）

圖1－28

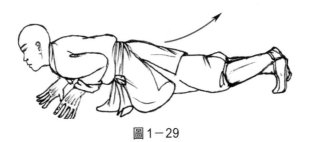

圖1-29

圖1-30

　　然後，再縛石於背，而勤加練習。石之重量，亦由輕而重，逐漸增加，從十餘斤而加至百斤為度。（圖1-31～33）

圖1-31

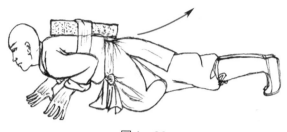

圖1-32

圖1-33

　　至背負百斤之石，而以指按地，而行功夫，歷久而不覺其累贅費力者，則功造大成矣。指力至此，亦可得數百斤，用以制人，足有餘裕。此特為尋常之法，若兼治擒拿功夫者，則不必縛石再練，即練至能以指按地，練此功夫，歷久不覺費力時，爪力功亦已不小，足為擒拿之助，不必再負石練習矣。

七、蜈蚣跳

　　蜈蚣跳一法，亦練習爪、趾之勁而兼及跳躍者。

其法與臥虎功略同。先亦用兩手掌、兩足趾抵地，支拄全身，胸、腿等部離地約三四寸。此為預備時之姿勢。

然後，將身體之中部，向上聳起成弓背形，亦如懶貓伸腰之狀，聳身至極度。（圖1－34）

然後，兩掌猛力向地上一捺點之勢，向前面躍出，落下時仍以掌、趾拄地，身體仍離地數寸。在入手之初，躍出者不及一尺，以後功夫漸深，所躍愈遠，終至一躍而達於數尺之外。（圖1－35）

圖1－34

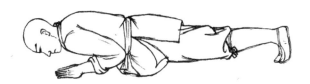

圖1－35

此法較臥虎功為難，一不留意，胸腹各部，非但觸地犯忌，無意之間，亦易受傷，故最好先將臥虎功練有相當程度之後，再進而練此，則較為易成。

待用掌跳躍，練至純熟之後，再變掌為拳，依法練之。（圖1－36、37）

圖1－36

圖1－37

然後，更進而用三指按地跳躍。（圖1－38、39）

圖1－38

圖 1－39

末後，亦習一足點地之跳躍。（圖1－40、41）

至皆能任意進退，則功造大成矣。用以臨敵，非但手指、足趾之功力可以制人，而跳躍往來，亦足以助退避之用，使敵人出於意料之外，而無可措手足。是誠制勝之妙法也。

圖 1－40

圖 1－41

　　以上所舉各種鷹爪之功夫，雖不一貫，然殊途同歸，其主旨則皆在於練習鷹爪五指抓擒或三指鎖扣之力。習擒拿者，於鷹爪勁既有相當之重要，自當加意練習。在此各法中任選擇一種而習之，固不必盡所舉之各法而盡練之也。且練習鷹爪勁，與練習擒拿法中之相骨尋筋等事，並不衝突，盡可同時並行，固無分乎先後，故鷹爪功練成，其他各部功夫亦可迎刃而解矣。

第二章　少林大力金剛鷹爪功

　　本功為少林寺秘傳爪功，古樸易學，進步神速，功效奇大，苦練功成後雙爪堅利如鋼，能抓樹撕皮，碎杯折鐵，搓石成粉。

　　據傳清代少林寺武僧寂勤精於此功，寂勤大師功力剛猛絕倫，「摸人掉皮，抓肉成洞」，他以一雙鋼爪剷除邪惡，行俠仗義，名震武林。

一、貫氣功

　　凡練習本功均以此勢為開始和收功。

　　雙腳平行分開略與肩寬，高馬步站立，雙手左右分開抬起與肩同高，伸直成一直線，掌心向下，十指張開伸直。（圖2-1）

圖2-1

用鼻吸氣時，意想氣沉丹田；用鼻呼氣時，意想丹田內氣貫注雙爪。

練習三個月，內功築基後才能接練下面的功夫。

此勢為金剛大力鷹爪功內功築基秘法，能將丹田內氣貫注雙爪，以增強內勁，提高功力。

二、鋼爪功

備一對各重十斤的圓鐵球，兩手各抓一個自然垂於身體左右兩側，意想丹田之氣達十指，隨意行走五分鐘即可接練下勢。（圖2－2）

備酒壇一個，壇口大小以適合五指抓拿為宜，先放入十斤鐵砂，也亦可用河沙或石子等代替，以雙手輪換上下抓提，左手累了換右手，雙手共練習五分鐘。（圖2－3）

當可以一次性抓提五分鐘時，可再加入五斤鐵砂練習，每次增加五斤，增至五十斤仍能輕鬆抓提達五分鐘之久，則雙爪之力大異常人。

備二十斤重的鐵砂袋一個，或可用綠豆袋或大米袋代替，雙手快速輪換抓提。（圖2－4～11）

雙手共練習五分鐘即可，當練至一次性可輕鬆抓提十分鐘時即大功告成，指勁厲害非凡。

功成十指猶如鋼爪，可抓樹撕皮，抓肉成洞，捏碎核桃、酒杯、竹筒，折屈銅錢，拔釘出板等。

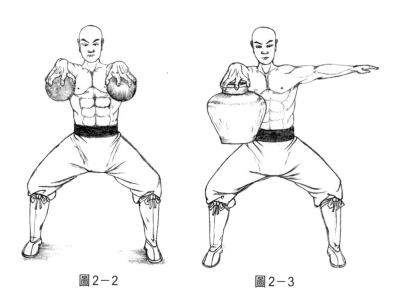

圖2-2　　　　　圖2-3

圖2-4　　　　　圖2-5

圖2－6

圖2－7

圖2－8

圖2－9

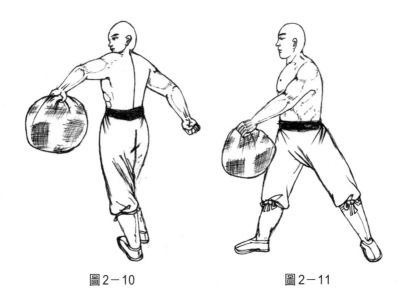

圖2－10　　　　　　　　　　圖2－11

三、鐵叉手

　　備大桶一個，盛滿大米，面對大桶馬步站立，先吸一口氣，再猛用力將手迅速插入米內，插的同時噴氣助力，雙手輪換練習，共十分鐘即可。（圖2－12）

　　百日後將桶內的米換成綠豆，插綠豆滿百日後再將少許綠豆倒出，加入少許鐵砂練習，並逐日減少綠豆的數量而增加鐵砂，當全部換成純鐵砂練習滿百日後則手指堅硬如鐵，指尖如鐵叉般鋒利。

　　功成可瞬間洞穿牛腹，插肉成洞，擊穿碗碟，戳斷石條，鐵指開磚，手背斷磚等。

圖2-12

四、指禪功

以雙手十指撐地雙臂伸直，身體俯臥成一直線，按貫氣之法，意想丹田之氣源源不斷地湧向十指，習練數分鐘即可。（圖2-13）

圖2-13

　　當能一次性堅持五分鐘後，即可將雙手小指減去，以雙手八指支撐一次性可達五分鐘後，再減去雙手無名指，以此類推。當可練到僅以雙臂二指支撐達五分鐘以上時，即可將雙腳墊物逐漸提高，當提高至倒立狀態時，雙臂二指禪倒立則可大功告成。（圖2－14）

圖2－14

　　如以雙手能練成二指禪倒立，多勤加練習，則一指禪倒立功不日可就。但指禪功必須按部就班練習，不可貪功暴進，以免手指受傷。

　　功成可二指倒立，二指走路，金剛一指倒立，鋼指按釘入木等。

五、抓袋功

　　備二十斤重的大米袋，或者河沙袋、玉米袋，吊於空中，用雙手鷹爪抓擊，並用力拉拽、掂提。（圖2－15）

　　每天雙手共練五分鐘，當可隨意將吊袋提晃時，再往袋內加入大米等物，大約每十天增加二斤，練至一年即可將百餘斤重的吊袋用鷹爪隨意擺弄時即功成。

　　功成擒拿制敵，手到擒來，易如反掌。

圖2－15

六、透骨力

先用四根橡皮筋，把一塊長寬均為三十五公分、厚一公分的木板，四角轉孔穿上帶子，平行拉好固定，懸於空中，與肩同高。

面對木板站立，先吸一口氣，氣貫丹田，然後，以鼻噴氣助力，並瞬間抓、插，好像一下就可把木板擊成四分五裂，要做到快、準、狠，堅信自己必可將木板擊碎。（圖2－16）

圖2－16

　　雙手共練習五分鐘，當練至一下即可抓碎一塊木板時，再加多一塊，如一次性可凌空抓碎五塊一公分厚的木板時即大功告成。

　　功成可凌空抓碎數公分厚的木板或酒瓶，用於搏擊制敵即迅猛厲害，觸敵必傷。

【練功須知】

　　1. 練功1小時內手勿洗冷水，可用熱水燙一下，洗乾淨，用毛巾擦乾。

　　2. 每次開始及收功均須練10分鐘胃氣功。

　　3. 平時可多練練健身球，能使手指更靈活，內力更充足，並有提神益氣的作用。

　　4. 過度的性生活及飲酒，會造成手指練功疼痛及無法集中勁力等現象，適量則無妨。

　　5. 如受時間體力所限，可單選一或兩勢習之，功效也很好，但仍需多習胃氣功夫。

第三章　少林大力內壯鷹爪功

本功為少林鷹爪功秘傳，以剛為主，剛柔相濟；以內為主，內外兼修，獨具特色，是不可多得的功中精品。

一、大力內壯功

馬步蹲立，雙拳抱於腰間，百會穴與會陰穴呈一直線，腰背挺直，輕閉雙目，舌舐上腭，澄心靜息。（圖3−1）

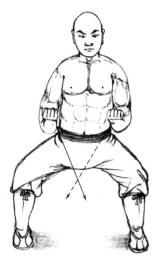

圖3−1

　　接著，隨吸氣的同時，雙拳伸直成掌下伸呈交叉十字手，左掌在下，右掌在上，掌心朝內。（圖3-2）

　　上動不停，隨著吸氣，雙手交叉上舉於頭頂上方，掌心均向上，雙臂肘屈曲，隨吸氣用意念將丹田之氣導至雙手十指。（圖3-3）

　　上動不停，隨吸氣的同時，雙掌向左右分開之雙臂平肩時，氣剛好吸滿，掌心朝前，虎口向上。（圖3-4）

　　在上勢剛好定形的那間，用鼻一噴氣之時，雙掌發脆勁抖指曲勾成叼手，力勁重在小指、無名指、中指，拇食二指為輔（圖3-5）

　　接上勢，配合鼻吸氣，十指伸開成掌向內收，屈肘立臂於肩前，掌心對肩，十指朝上。（圖3-6）

圖3-2

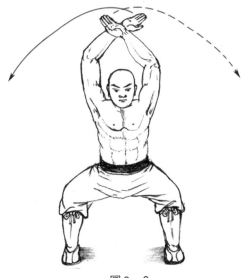

圖3-3

圖3-4

圖 3－5

圖 3－6

掌內旋至屈腕勾指，指尖對肩的時候，兩掌向下配合吸氣下撐至大腿側停住，掌心朝下，十指朝前，此時氣以吸滿。（圖3-7）

圖3-7

圖3-8

在上勢定形的瞬間，配合鼻噴氣之際，雙手猛地抖勁叼手扣指成鷹爪，要領與前面的叼手法則相同。（圖3-8）

接上勢，隨吸氣之時，雙手握拳手提抱於腰際，氣吸滿後再徐徐呼出，雙拳握固不可放鬆。（圖3-9）

圖3-9

接著，用鼻徐徐吸氣的同時，雙拳成掌交叉至腹前上抬至胸前時，繼向左右分開成曲臂舉掌勢，十指朝上，掌心朝前，指尖高與耳齊，至此時，氣剛好吸滿。（圖3－10）

至此時，配合鼻噴氣的同時，兩手猛地向外、向下畫弧收至腰間成抖手叼扣成鷹爪，爪心向上。（圖3－11）

接上勢，兩手伸指成掌，配合吸氣的同時，兩掌向腹前靠近成掌背相貼於丹田之際，即向上提至頦平時，兩掌即向左右旋轉臂分開至肩前停住，掌心朝前，肘尖垂直，至此時，氣以吸滿至不可再吸。（圖3－12）

此時，配合鼻噴氣的同時，雙掌抖勁旋腕扣指成叼手，手心朝上。（圖3－13）

接上勢，雙叼手鬆指伸掌，掌心對面，隨吸氣的同時，雙手豎臂上提，至掌指尖與耳齊高時停住，此時氣也吸滿。（圖3－14）

圖3－10

圖 3－11

圖 3－12

圖 3－13

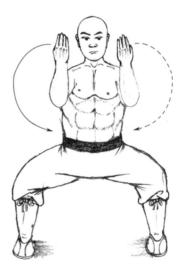

圖 3－14

　　隨之配合鼻噴氣的同時，雙手猛地挽臂有如收拳抱腰動作，抖腕扣指成叼手收於腰間。（圖3－15）

　　接上勢，扣指握拳後，仍然抱於腰間。（圖3－16）

　　接著，配合鼻吸氣的同時，左拳變掌外翻朝左推出，至肘臂伸直為度。（圖3－17）

　　至氣吸滿的同時，上身猛地右轉的同時，配合鼻噴氣，左掌自左經下朝右前方攜手操起，扣指握拳，拳心朝上，左膝挺直成右弓步。（圖3－18）

　　接著，用鼻快速吸氣一口，迅疾噴出的同時，左拳收抱左腰，下盤力向左坐成馬步；與此同時，右拳變掌抖勁朝右前方推出。（圖3－19）

　　隨之，吸氣至滿，配合鼻噴氣的同時，上身猛地左轉成左弓步，右掌自右經下朝左前方攜手操起，扣指握拳，拳心朝上。（圖3－20）

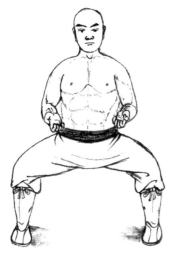
圖3－15

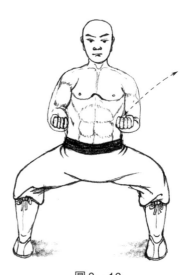
圖3－16

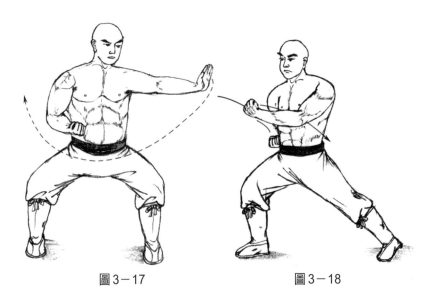

圖 3－17   圖 3－18

圖 3－19   圖 3－20

然後收右拳於右腰間，平心靜息。（圖3－21）

接上勢，配合鼻吸氣的同時，雙臂屈肘上臺提拳至兩耳齊時，氣剛好吸滿，拳心朝後。（圖3－22）

接著，雙拳猛地外翻成拳心朝前的剎那間，鼻噴氣，雙拳在抖臂朝左右分開之際成鷹爪推出，虎口朝前，雙臂伸直。（圖3－23）

隨之吸氣，雙臂朝後展至挽臂向腰間途中，旋腕成爪心向前時，鼻猛地噴氣，雙爪抖力叼扣指，挺爪於兩大腿前。（圖3－24）

接上勢，配合鼻吸氣的同時，兩爪向腹前合攏至指節相碰時即伸直成掌背相貼，自腹中線屈臂上提掌至鼻尖齊時，兩掌外翻成掌心朝前。（圖3－25）

接著，雙掌繼續向左右外展，收落抱拳於腰間。（圖3－26）

圖3－21　　　　　　　　圖3－22

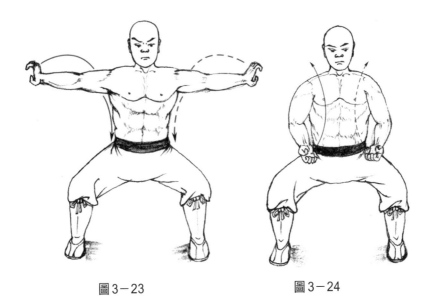

圖 3－23　　　　　　　　　圖 3－24

　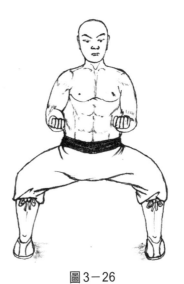

圖 3－25　　　　　　　　　圖 3－26

　　然後將氣徐徐呼出，放鬆身體，此段內壯大力法即告一遍練完。

　　以上動作可以連續重複三次，記住，吸氣時的動作緩而有力，乃是為發力蓄勢；發力時要與鼻噴氣緊密配合，發力乾脆而具抖振，使雙手成鷹爪時的驟發爆炸之力。每日早晚行功一次，每次做完三遍後，即可練習下面的鷹爪推拉勁。

二、鷹爪推拉勁

　　馬步站立（也可盤坐，圖3－27），百會穴與會陰穴呈一線，腰背挺直，輕閉雙目，舌尖抵於上腭，雙手呈爪狀，分別置於左右腰側，爪心向上，腕節挺起，虎口向

圖3－27　　　　　　　　　　　圖3－28

外。做好上述姿勢後，排除雜念，開始用鼻作深長而勻細的呼吸訓練，閉口合齒，舌舔上腭，以鼻呼吸。（圖3－28）

隨後，雙爪隨著一吸一呼收進推出。（圖3－29、30）

吸氣時，氣歸下丹田，使小腹鼓起來（自然狀態，不能有意識）；雙爪在吸的同時用勁緩緩拉回於腰側（好似牽動千斤之力）。呼氣時，氣從下丹田上湧至中丹田（胸膛），使小腹陷進去，中丹田鼓起來（自然狀態，不可有意識）；雙爪在呼氣的同時，用勁於腰側向前用力緩緩推去（好似推動千斤之物）吸氣時，意想大自然之生氣，從雙爪勞宮穴、百會穴下歸至下丹田。呼氣時，意想大地之氣，從腳底湧泉穴湧上，向百會穴、勞宮穴沖去。

圖3－29　　　　　　　　圖3－30

意念不能執著，似有意似無意為妙，呼吸要自然而然，只有這樣才能使氣隨意而動。

練習此段功夫必須身鬆、心靜、勢緩、氣和。如感覺馬步站立不易放鬆，可以兩腿微屈，雙腳分開與肩同寬，取高馬步站立。

三、沙袋功

備一長約兩尺，粗約一尺八的厚帆布沙袋一只；初練時以內裝綠豆或玉米三十斤。隨著功力的增進，將袋內豆子抓碎時，即可換成圓粒堅硬的石子；開始也用三十斤，以後逐漸增加，直到一百斤上下。

練習之時，以高樁馬步站立於沙袋之前。（圖3－31）。

圖3－31

全身放鬆，調勻呼吸後，伸出雙手將沙袋抓住提離地面。（圖3－32）

接著，雙臂用力猛地向前上提起，直至兩臂平直。（圖3－33）

圖3－32

圖3－33

　　雙手十指陡然鬆開沙袋。（圖3－34）

　　在沙袋迅速降落的途中，雙手急速抓住下落的沙包，並猛然朝上提起。（圖3－35）

　　以上動作反覆進行，不計次數，直至力疲為止。

　　待功力進步之後，還可以變化提、放、抓的花樣，比如：在抓住沙包提起的時候，雙手有意識地將沙包在空中旋轉，拋後再接；也可以單用一手抓接等。不可拘泥一勢，只要能練習雙爪的靈活抓、扣，發出強大的爆發力就行。

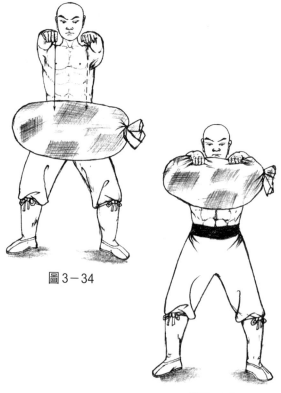

圖3－34

圖3－35

第四章　南少林護寺大力鷹爪功

　　本功為南少林內傳五大護寺功之一。南少林五大護寺功為大力鷹爪功、內硬十三太保橫練功、八步摧心掌、般若鐵拳功、神力十二勢易筋經。

　　南少林護寺大力鷹爪功以內壯為主，外練為輔，不用蠻力，不易出偏，功效顯著，實用性強。一旦練成，對敵擒拿，爪如鋼鉤，傷筋挫骨，抓處留痕，出爪難逃。

一、蓄銳勢

　　習者盤腿於地上，雙爪放在兩膝上，爪心向上，五指微屈，似托物般。眼微閉，身正直，以鼻呼吸，吸氣時，意念想像天地精氣貫入丹田，呼氣時，意想丹田內氣注至雙爪。（圖4－1）

　　如此靜練十分鐘為宜。若雙手有熱、脹、

圖4－1

跳、蟻行等感覺，均屬正常現象。

二、探爪勢

習者成高馬步站立，雙手握拳抱於腰間，拳心向上，拳眼向外。（圖4－2）以鼻吸氣，同時雙拳變掌，上提至胸部，掌心向上，掌尖向裏相對。（圖4－3）

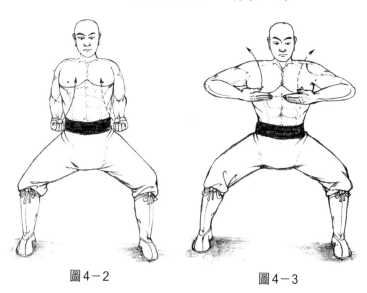

圖4－2　　　　　　　圖4－3

待吸氣至氣滿不能吸時，以鼻呼氣，同時雙掌變爪緩慢前伸，手臂雙爪為緊繃狀態，爪向前伸，如鷹探爪般，意念想像前伸雙爪好似穿透層層厚牆。待雙爪伸直後吸氣，但雙臂雙爪仍為緊繃狀態。（圖4－4）

待吸至氣滿不能再吸時，呼氣，同時雙爪稍內扣，如抓住一千斤重物般，緩慢回拉，雙臂雙爪緊繃狀態不

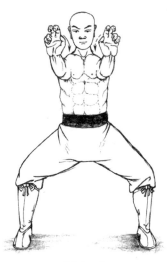

圖4－4

失，意念在拉一千斤重物，待雙爪回拉至胸部時放鬆。
（圖4－5）

圖4－5

重複練習上述動作。如此習練四十九遍後接習下一勢。

三、合翼勢

習者仍為高馬步站立，雙手握拳置於腰間（同上勢）。（圖4－6）

以鼻吸氣，同時雙拳變掌，上提至胸部（同上勢）。（圖4－7）

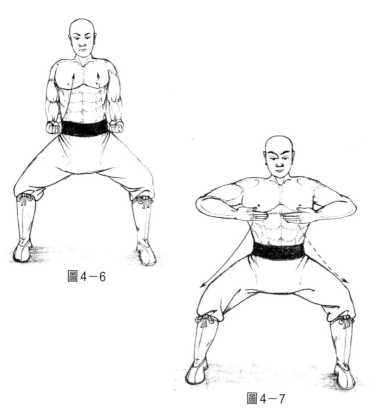

圖4－6

圖4－7

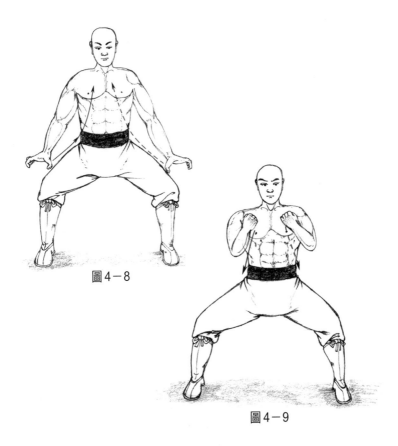

圖4－8

圖4－9

　　待吸氣至不能再吸時，呼氣，同時雙掌變爪，向下緩
慢下按，雙臂雙爪為緊繃狀態。待雙爪下按至盡頭時，吸
氣，此時雙臂雙爪仍保持緊繃狀態。（圖4－8）

　　待吸氣至不能再吸時，呼氣，同時雙手爪稍內扣，如
抓一千斤重物般，緩慢上提，雙臂雙爪緊繃，待上提至胸
部時放鬆。（圖4－9）

　　然後再重複練習。如此習練四十九遍後接習下一勢。

四、展翅勢

習者仍為高馬步站立，雙手握拳置於腰間（同上勢）。（圖4－10）

以鼻吸氣，同時雙拳變掌，上提至胸部（同上勢）。（圖4－11）

待吸氣至不能再吸時，呼氣，同時雙手向左右緩慢分開側伸，雙臂雙爪緊繃。待雙手左右側伸至盡頭時，吸氣，此時雙臂雙爪仍保持緊繃狀態。（圖4－12）

圖4－10　　　　　　　　圖4－11

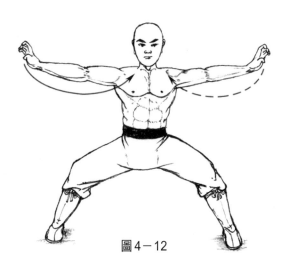

圖4－12

　　待吸氣至不能再吸時，呼氣，同時雙手爪稍內扣，如
抓一千斤重物般，緩慢由左右兩側回拉，雙臂雙爪緊繃。
待回拉至胸部時呼氣，放鬆。（圖4－13）

　　反覆練習四十九遍後接習下一勢。

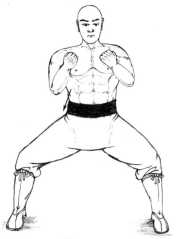

圖4－13

五、螺旋勢

習者成高馬步站立，雙手握拳抱於兩腰間（同上勢）。（圖4－14）

以鼻吸氣，同時雙拳變掌，上提至胸部（同上勢）。（圖4－15）

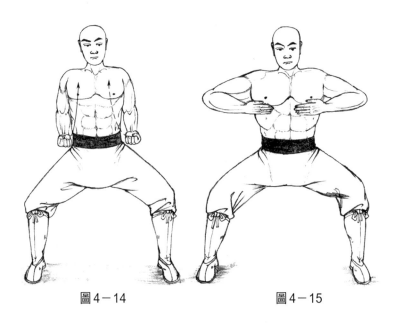

圖4－14　　　　　　　　圖4－15

待氣吸至不能再吸時，呼氣，同時右掌成鷹爪，向前向裏呈螺旋狀纏伸，如現代的電鑽般，手臂與爪均為緊繃狀態。左手也蜷握協動（圖4－16）

前伸至盡頭時，吸氣，吸氣時臂與爪繼續緊繃，待氣吸至不能再吸時呼氣；同時右爪如拉一千斤重物般，向外

圖4－16

向後呈螺旋狀纏拽，臂與爪緊繃，待回拉至胸部時放鬆。
（圖4－17）

　　然後，調整呼吸，改習左手。左手與右手練法一致，
唯方向不同。（圖4－18）

　　如此，左右手各習四十九遍。

圖4－17　　　　　　　　　　圖4－18

六、撲食勢

習者右腳向前邁一大步，成右弓步，左腳跟抬起，腳尖著地，同時俯身、拔脊、塌腰，兩臂於體前呈爪形支撐，全身支撐點為雙手十指，如同短跑的起跑姿勢，但身體略前傾。以鼻自然呼吸。（圖4－19）

如此靜練十至三十分鐘，改換左弓步練習。（圖4－20）

此法效果極好，剛開始以自身承受能力為限，逐步增至三十分鐘左右，主要體會雙手十指支撐全身的感覺。

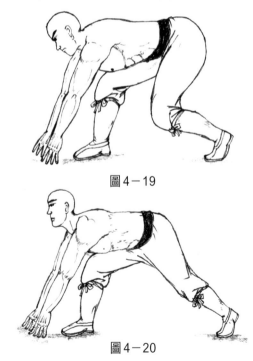

圖4－19

圖4－20

七、斗爪勢

習者自然站立，雙爪放至胸前，十指互頂，先以鼻吸氣，待一口氣吸好之後，再以鼻猛烈噴氣，同時雙手十指用力互頂。呼吸長短要自我適度控制。如此，練習一百二十次。（圖4－21）

一百二十次之後，再以雙爪尖同時用力抓擊雙手心，似握拳扣指動作，如此，左右爪各練習一百二十次。（圖4－22、23）

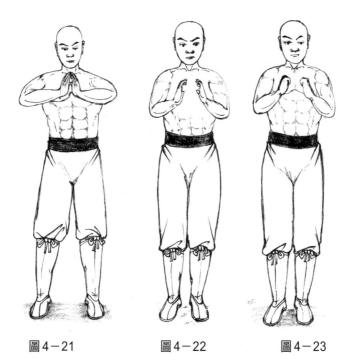

圖4－21　　　　圖4－22　　　　圖4－23

八、抖身勢

　　習者全身俯臥於地，成俯臥撐狀，雙爪稍比肩寬，以雙爪支撐。以鼻呼吸，先吸氣，後呼氣，呼氣時以腰背帶動全身前後輕微搖擺。如此練習十至二十分鐘。（圖4－24）

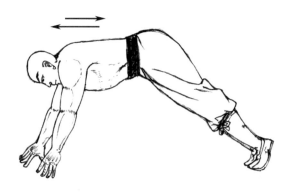

圖4－24

九、利爪勢

　　習者在牆上或樹上釘裹一些厚書或報紙，以雙爪輪番抓擊，注意在抓的瞬間五指要稍內扣一下，意想一下將書或報紙抓爛。（圖4－25）
　　如此練習十至二十分鐘。此勢可配合各種進步法或防守法訓練。

圖4－25

十、較力勢

習者找一同伴，間隔一米遠，雙方手中同握一木棍兩端，握緊對擰，習者與同伴始終形成對峙擰力。（圖4－26）

練習時可先習右手二十分鐘，再習左手二十分鐘。也可用雙爪或同時使用雙棍練習。體會雙方較力而產生的爭力、纏力。此勢專門練習擒拿時的手感，切勿輕視。

圖 4－26

十一、收功勢

練者習完以上功法後，應認真細緻的活動手指、腕、
臂，然後抖動雙爪幾分鐘，即可收功。

第五章　南少林胡勢大力鷹爪功

南少林胡勢大力鷹爪功係南少林寺絕技之一種，屬硬實一派，重陽剛之力。一旦練成，能以鷹爪大力掰碗碎杯、分筋錯骨，實為擒拿必修神功。

相傳此功由南少林寺武僧胡惠乾傳出，胡惠乾是與方世玉、洪熙官齊名的南拳宗師。據少林渾元一氣功名家金警鐘先生記載，在一次表演中，他看到有擅此功者，用爪將銅板掰折。其功之威力可見一斑。

一、內功夫

兩膝盤坐於床上，左腳架於右腳上，百會穴與會陰穴呈一線，腰背挺直，輕閉雙目，舌尖抵於上腭，雙手呈爪狀，分別置於左右腰側，虎口向裏，爪心向前。（圖5－1）

做好上述姿勢後，排除雜念，開始用鼻作長而勻細的深呼吸，呼吸聲不能聽見，雙爪隨著一吸一呼收進推出：

初吸氣時，使小腹飽滿，要自然為之，不能刻意，同時雙爪開始準備，略略用力，蓄勢待發。

然後呼氣，呼氣時小腹自然內收，雙爪在呼氣的同時用勁，於腰側向前用力推去，爪手筋韌緊張，好似推開重

物，但不可推得太快，要平直前推。（圖5－2）

　　然後再吸氣，再吸氣時，雙爪在吸的同時用勁，拉回於腰側，雙爪仍然貫勁，好似牽動重物。

圖5－1

圖5－2

二、雙爪撲

　　兩掌撐地與肩同寬，兩腿伸直併攏，兩腳併攏以足尖支地，百會穴與會陰呈一線，腰要直，不可陷下去，舌尖抵上腭，兩掌撐地隨呼吸推動身體。（圖5－3）

　　吸氣時，雙臂彎曲，使身體貼近地面。（圖5－4）

圖5－3

圖5－4

　　呼氣時，雙臂慢慢推動身體離開地面。雙臂伸直，如開始勢，再做第二次。

本勢練功七天後，將小指減去，再練十四天，將無名指減去，這樣每十四天減去一指，最後以雙手食指支撐全身，練到兩食指能支撐身體練功十五分鐘，則此功初有火候，可換下一勢練習。

三、單爪撲

右爪以爪指面支撐於地，臂伸直，兩腳亦伸直，以右腳外側著地，身體側臥，左腿搭於右腿上，左爪向左側伸直，百會穴與會陰呈一線。（圖5－5）

圖5－5

右臂屈肘，身體下降，使右胸貼近地面，左爪不動，氣從鼻子吸入。（圖5－6）

略停片刻，右臂推撐伸直還原，在右臂伸直時，氣也呼好。數次以後，換左臂進行。

這樣雙爪交替練習，每二十天減去一指，至練到能以食、中兩指支地練功三十分鐘為大成。在減指的同時，每次用磚將腳墊高，至能將身體完全倒立。（圖5-7）

圖5-6

圖5-7

四、千斤提

　　用一小口酒壇，重約十公斤，用拇、中、食三指扣住壇口，雙腳分開站好呈四平馬步，另一手呈爪置於腰，眼向前視，百會穴與會陰呈一線。（圖5－8）

　　吸氣時，三指扣住壇口向上提至與胸同高。（圖5－9）

　　呼氣時，三指隨之下降於地。

　　數次以後，再換另一手。這樣雙爪交替練習。

　　每十天加細沙二公斤，直至缸口加滿，重約七十五公斤，能升降自如，且力不乏、氣不湧時，則大力鷹爪功陽勁已練成，再換擒拿勢練習陰勁。

圖5－8

圖5－9

五、擒拿勢

　　以上二勢功成後，指力已具陽剛之力。此時可於練功後佐以鷹爪擒拿勢。一則可以練成活勁，為技擊中分筋錯骨打下基礎，再則也可防治手指麻木的毛病。

　　兩腳分開，站四平馬步。全身放鬆，不可用僵勁，雙手握拳抱於兩腰側，拳心向上。（圖5－10）

　　先將右拳向左前上方伸出，速度宜緩，上身亦隨之微向上升並向左轉，左手不動。手臂在伸出過程中內旋，當右手伸至左肩前略向上時，變拳為爪，五指微開，掌心朝下，意在指尖。右手伸出後肘關節不可伸直，伸至極限時仍應保持微屈，完全伸直則勁僵。（圖5－11）

圖5－10　　　　　　　　圖5－11

在伸出右手的過程中，配合長、勻、細的吸氣，隨即猛然握爪為拳，同時手臂外旋，手心上翻，右手迅猛回拉，收至腰側。（圖5－12）

圖5－12

此動作要求沉肩墜肘，否則勁力飄浮。沉肘回拉的同時，上身微下坐並向右微轉，恢復馬步。（圖5－13）

圖5－13

　　正身站立。在回拉過程中，配合吐氣，口發「嘿」聲。發聲應短促有力。「嘿」聲吐完，此動作亦應同時完成。吐字時，全身之筋肌及精神應為之一凜。

　　接著，出左手，要點與右手同（圖5－14～16）

圖5－14

圖5－15

圖5－16

一右一左，依次練習。此功練習時間長短由個人掌握，不可精疲力竭，過度疲勞則有害無益。

平時要勤練擰石輪或拎石輪，以增加手指及腕臂力量。（圖5－17）

圖5－17

【注意事項】

1. 要做到上述的一切要求。

2. 練功前先要活動手指關節，練後必須用藥水洗之。並反覆活動手指，以防手指僵硬。

3. 練功時要高度集中注意力，特別是練單展勢時，以防手指折傷，發生不必要的事故。

4. 練功半月後，雙爪推出時伴有脹感，或有心煩上火或呼吸增快，屬正常情況，久練自消。

第六章　南少林八寶門大力鷹爪功

八寶拳，全稱「陰陽八寶拳」，開門於清代乾隆年間，創始人福建泉州少林寺至善禪師，乃少林南派名門之一。

八寶大力鷹爪功，又名鷹爪千斤力，是專門練習爪上抓捏纏擰的一種硬氣功，二至三年即可練成。功成者雙手十指利如鋼爪，發力能碎酒杯、核桃，擒拿可分筋錯骨，令敵膽寒。

一、開功預備勢

直身站立，兩腿橫開，約同肩寬，兩腳平直，腳尖稍扣。雙手下垂於兩腿外側，掌心向裏，虎口向前，掌尖朝下。下頜微收，百會上頂，氣沉丹田，全神貫注。（圖6-1）

按順呼吸法，鼻呼鼻吸，意念集中於臍下丹田處。意守丹田發熱之後，接練下勢。

圖6－1

二、雄鷹亮爪勢

按預備勢意守丹田發熱之後，將順勢呼吸改為逆勢呼吸，鼻呼鼻吸。以鼻猛吸一口氣，雙腿同時屈曲下蹲，成四平馬步，收提肛門和睪丸。雙手從大腿外側向前屈臂上提，掌變為拳，拳面約與下頜平，拳心對胸部，拳眼向外，兩手間距約五十公分。（圖6－2）

於吸氣末時，用喉頭配合吸氣動作吞入一口氣，並以意送入下丹田處。接著以鼻腔噴氣，同時意念雙手手指持有千斤重物，從胸前由拳變爪，向左右方向平行外推，臂高同肩，爪指分開，爪心向外，虎口向前。在雙爪外推的

同時，十趾抓地，鬆肛、鬆睪，並以意導引丹田內氣上升
至膻中穴、然後再分向左右腋下、沿手臂內側向下、經勞
宮穴而直透射雙手爪尖。（圖6－3）

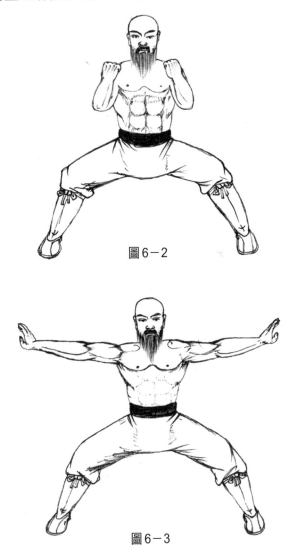

圖6－2

圖6－3

　　然後吸氣，雙爪變拳，回收至胸前，並以意領氣從手臂外側上升、過頭部而返回丹田，並收提肛門、睪丸。

　　如此反覆練習，次數自定。

三、獵鷹覓食勢

　　馬步站立，雙拳置於腰際，拳心向上，拳眼向外。（圖6－4）

圖6－4

　　雙拳變爪，緩慢提起，至與膻中穴平齊，兩手間距約三十公分，肘關節向後，虎口向裏，五指分開，爪心朝下。採用順勢呼吸法，鼻呼鼻吸。（圖6－5）

　　吸氣，上身和腰隨著吸氣動作向右側緩慢擰轉，轉至

正面朝向右側方向時，以喉頭配合吸氣動作咽入一口氣，並以意念送入下丹田。

隨之閉氣頃刻。然後以鼻腔噴氣，同時，以意導引內氣上升至膻中穴、再分向左右腋下、沿雙手臂內側下行、過勞宮穴而奔瀉至十指爪尖，十趾同時抓地，收提肛門和睪丸，全身之氣力注入爪尖，用勁收縮十指，爪尖猶如夾持著一顆頑石並欲將其捏碎一般。（圖6－6）

接著，緩慢地吸氣，以意導引內氣從十指尖、經手臂外側上升、過頭部而返歸丹田，身體轉正，全身放鬆，鬆肛、鬆睪。

左勢與右勢動作相同，唯方向相反。如此左右反覆練習。

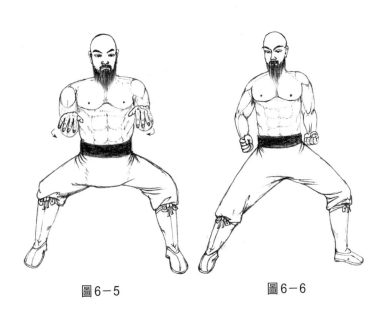

圖6－5　　　　　　　圖6－6

四、山鷹奪食勢

直身站立，與開功預備勢要求相同。

採用順勢呼吸，鼻呼鼻吸。吸氣時，雙手上提，至與膻中穴同高時隨吸氣動作立掌向前方推出，意念集中於丹田上。（圖6-7）

閉氣，十指收攏變爪並外旋，爪心向上，虎口向外，收腹、挺胸，收提肛門和睪丸，意領內氣貫達爪尖，雙手如持千斤重物，緩慢地向懷裏拽拉，拉至兩大臂緊貼兩脇可停。（圖6-8）

圖6-7　　　　　　圖6-8

　　然後徐徐呼氣，雙爪又變立掌，向前推出，同時以意領氣回歸丹田。

　　如此一推一拉為一次，反覆練習，次數自定。

五、飛鷹掠海勢

　　雙手平行撐地，掌心向下觸及地面，兩手間距與肩同寬，兩手臂伸直，雙腳併攏伸直，以腳趾尖著地，腰胯盡量向後方弓挫，臀部凸起，腹部內收。採用順呼吸法，鼻呼鼻吸，精神內斂，注意力集中於雙手掌心勞宮穴上。（圖6-9）

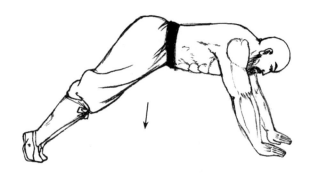

圖6-9

　　深長而均勻地吸入一口氣，於吸氣末時，以喉頭配合吸氣動作吞入一口氣，並以意導氣，慢慢下沉至丹田，然後閉氣，雙手肘關節屈曲，全身向前、向下探，以頭部接近地面而又未觸及地面為宜。

隨之，雙足後蹬助力，身體塌腰，並繼續向前、向下依次以胸、腹、胯等部位略近地面一滑而過，同時，以鼻腔均勻地噴氣，收提肛門及睾丸，並以意導引內氣，從下丹田上升至膻中穴、經雙腋下、沿雙手臂內側、向下貫注輸入雙手掌心勞宮穴。（圖6－10）

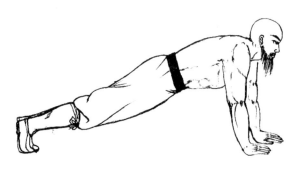

圖6－10

吸氣，同時頭部向上抬起，直臂挺胸，腰胯部向後弓挫，臀部凸起，全身也隨之後挫，恢復原來姿勢，鬆肛、鬆睾，並意念內氣從手臂外側返回丹田。

如此前探後挫，循環往復，力盡為止。在練習當中，注意動作要與呼吸緊密配合，不要太慢或過快，動作須連貫協調，中間不要停頓。初習此勢十餘次時，即覺力疲氣湧，頭脹腰酸，但行功久了，自然適應。

若能每次行功百餘次而力不疲、氣不湧時，即可易掌為爪，以每手五指或僅用拇、食、中三指著地撐身，如上法行之。（圖6－11）

功力進步時，復將雙腳位置逐步墊高。如此每次仍能

行功百餘次而力不乏氣不湧，本勢有成，爪力極為可觀。
（圖6－12、13）

圖6－11

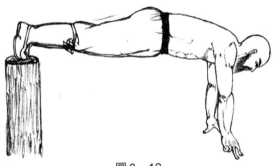

圖6－12

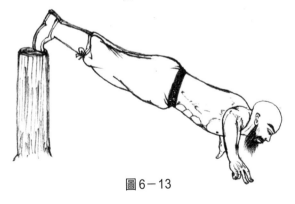

圖6－13

六、鷹爪抓球勢

　　練功前先備好五公斤和十公斤重的鐵球各一對。練功時，將兩個五公斤重的鐵球抓持於雙爪中，採用四平大馬步站椿，雙手屈臂將鐵球向前上提至與肩同高，雙掌心向下。按順呼吸法，鼻呼鼻吸。（圖6－14）

　　先吸氣，在吸氣末時，喉頭配合吸氣動作吞入一口氣，並意送至丹田，隨後雙手翻掌將掌中鐵球突然放鬆，使之下落，然後閉氣，雙手迅速向下將下落的鐵球在空中抓持住，使之不能落地。在雙爪抓持鐵球的同時，以意領氣貫達十指，並以鼻腔猛地噴氣，收提肛門、睾丸。（圖6－15、16）

圖6－14

圖6－15

圖6－16

然後吸氣，鬆肛，鬆睪丸，雙爪再將鐵球上提。隨之又放鬆，再迅速抓持住。

如此行之，練習至雙爪感覺極度疲乏而抓持不住鐵球之後，便可停止當次練習。

待雙爪每次能將五公斤的鐵球連續進行放鬆、抓持五十次以後，則易以十公斤的鐵球如法習之，練至也能連續放鬆、抓持十公斤的鐵球五十餘次以上而力不疲、氣不湧時，本勢乃成。

七、鷹爪提壇勢

練功前，必須先備好一個能容納一百斤鐵砂的小口壇一個。練功時，站四平大馬步，壇置於身前。

採用逆呼吸法調勻呼吸後，以一隻手掌的拇、食、中三指抓持壇口根部。（圖6－17）

先以鼻吸氣，待氣吸滿之後，閉氣，以意導引內氣貫注於抓持壇口的手指上，然後將壇口上提，上提至壇底與肚臍平齊，同時收提肛門及睪丸。（圖6－18）

待手指將壇底上提至肚臍平齊時，即將壇緩慢放下，同時以鼻徐徐呼氣，放鬆筋肌，鬆肛、鬆睪。（圖6－19）

如此反覆練習。初習時，先抓提空壇。逾數月後即能隨意提降空壇百餘次，則加五公斤鐵砂入壇內，練至也能隨意提降百餘次後，仍加入五公斤鐵砂依法行功，逾越百次而又加之，如此循次將鐵砂增至五十公斤，也能隨意提降百餘次而力不乏、氣不湧時，爪力已超常人多多。

圖6－17　　圖6－18

圖6－19

八、鷹爪捻石勢

待上述諸功練就以後，每日以拇、食、中三指指頭捏黃豆一粒，吸氣時運氣於指頭，呼氣時三指同時發力捻捏指間黃豆。（圖6－20）

至每次捻捏時黃豆均應指而碎，乃更以核桃如法捻之。等數月之後，一捻之下，核桃立即應指而開。

最後易以瓦片或小石子捻捏，至能應指粉碎時，鷹爪剛勁之功方為大成。

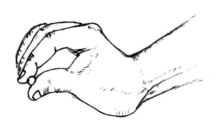

圖6－20

九、鷹爪葫蘆勢

練功前，先備已成熟的葫蘆瓜一個，將瓜縱線分開為相等的兩半，掏去瓜瓤，置於一盛滿水的缸或桶內，葫蘆瓜的凹面向下。

　　練功時，馬步站立，舌尖輕舐上腭，雙目凝視水中葫蘆，按順呼吸法進行調息，鼻呼鼻吸，先呼後吸。開始時，先儘量呼出一大口體內之濁氣後，接著吸氣，雙手配合吸氣動作，分別向露出水面的葫蘆頂部抓提，不可抓持葫蘆切口邊緣，同時收縮肛門和睪丸。（圖6－21）

圖6－21

　　然後呼氣，放鬆手中葫蘆，同時放鬆肛門和睪丸。

　　在練功時，必須全神貫注，先呼氣，後吸氣。吸氣時以手指暗勁抓提葫蘆，切忌用蠻力抓提，爪心須涵空，呼氣時放鬆手中葫蘆。但是，手指不要離開葫蘆，意念內氣從掌心勞宮穴穿出並透入葫蘆內。

　　如此吸抓呼鬆，反覆練習。每日練功一兩次，初時每次練功五分鐘，以後隨著功力的長進逐漸增加至每次一到兩小時。

初習此功者，不能抓起葫蘆，如能持之以恆，日久自能運內氣至手指而將葫蘆抓離水面，至此，葫蘆功告成。功成後仍須繼續練功以鞏固功效。

本功乃鷹爪陰勁，傳說此功練成，爪氣逼人，陰寒透骨，令敵筋縮膽寒。

十、爪力插戳勢

(一) 插綠豆

以桶盛滿綠豆，馬步站立於綠豆桶前，用順呼吸法將丹田之氣運至手指並出現輕微的觸電樣感覺後，以鼻將氣吸滿。（圖6-22）

圖6-22

　　以雙手十指尖對著桶內綠豆用力插入，同時以鼻腔噴氣，收提肛門和睪丸，並意領內氣，從丹田處上升至膻中穴、分向兩腋下、沿手臂內側直向十指尖奔瀉而去。（圖6－23）

　　以鼻吸氣，同時將插入綠豆桶內的手掌抽回，並以意領氣從手臂外側上升、過頭部而返回丹田，鬆腹，鬆肛門和睪丸。

　　如此吸收呼插，不計其數，以手指感覺麻木、微痛為度。插指時一定要按先輕後重，先慢後快的原則練習，持之以恆，不使輟功。

圖6－23

(二) 插穀子

插綠豆滿百日之後，十指指尖皮膚由紅腫、辣、痛變為增厚，指頭較前強硬，此時便練習指插穀子。練習方法與插綠豆相同。

(三) 插石砂

插穀子至百日後，十指指尖皮膚更為增厚，同時大部分的穀子被插脫殼，然後再易以石砂插指。在砂粒中應摻入少量的花椒末。練習的方法與插綠豆相同。

(四) 插鐵砂

練插石砂的難度較大，練功時應注意不要蠻練和用暴力。待手指頭再起老繭，用力插百餘次而不覺手痛，指頭皮膚亦不破裂時，則可練習插鐵砂。練插鐵砂時，鐵砂的選擇應圓滑，避免尖角、鋒利，鐵砂內應摻以適量的花椒和白芷末。練功方法與插綠豆相同。

練插鐵砂的功夫難度最大，也最容易使指尖破裂出血。但是，只要把前面幾種練好了，練插鐵砂就比較容易。若出現手指破裂出血的情況時，應及時消毒並施以止血生肌的藥物，外用傷濕膏藥包貼好，仍然可以繼續練功，不可就此中輟，否則前功盡棄，半途而廢。

至此，八寶鷹爪軟硬相兼之功、剛柔並濟之勁、陰陽結合之力即全功告成。

第七章　少林渾元鐵布衫

渾元鐵布衫，又名渾元一氣功，宗承少林妙興大師，乃羅漢門正宗護體秘功。

何謂「渾元一氣功」？「功出嵩山，護體真傳；直養橫練，抗打排堅；一氣貫通，內外渾元」，故名。

渾元鐵布衫初以吞吐、貫注為準備，此種功夫，純為健臟強身之快捷方式，習之百日，即見奇效；習之一年，身體頑強。二步功夫之排打、操硬，純為自禦防身之進階，既可避堅，精習更能避銳，習之一年，即可不畏木棍、鐵尺之擊；習之三載，周身均可避堅；精習五年，更赴以恒，則避銳功成，雖鋼刀利刃，一吞吐間，即可不畏其鋒銳。

一、無我無他勢

無我無他勢，為渾元鐵布衫之開明宗旨。

宜正立身軀，兩足左右離開，約與兩肩相等，兩足尖稍向外斜，成倒八字形。兩手掌心向股，五指伸開，兩腕稍用力，掌心離股約一拳。兩膝挺直不必用力，胸開張，肩後收，頭宜直，腭略收。閉目凝神，藏氣蓄勢，鎮靜丹田。兩眼垂簾，一掃心中積慮，所謂明鏡止水，無念無

想，無我無他。

　　計其氣息，氣出則心中曰一，氣入則心中曰二，如是計至百數，凡六組。然後張開兩眼，開口吐氣，凡三口，將濁氣吐出，再行吞吐。（圖7－1）

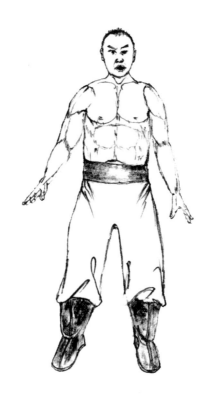

圖7－1

二、吞吐功

(一) 舉掌下按勢

承無我無他勢，身體姿勢不動，只將兩手掌心轉向前方，微開其口，舌上捲，微抵上腭，兩肩後收，胸開張，不可用力過猛，從口吞氣入腹，須輕輕悠悠。（圖7－2）

吞氣愈悠長愈妙，不停，兩足跟應吞氣之勢，輕輕提起，離地約一拳。（圖7－3）

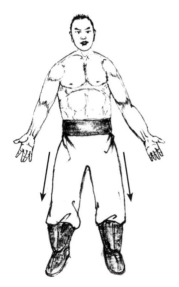
圖7－2

圖7－3

　　不停，兩足跟借上身之沉勁，著地，同時兩膝稍屈，兩肩下沉，兩臂稍彎，閉口沉氣，使下腹向前迎，但不可顯形。（圖7－4）

　　暫時閉口沉氣，停止吞吐，使下腹有力。隨即用力緩舉兩手，掌心相對。（圖7－5）

圖7－4

圖7－5

待兩手舉至頭頂時，掌心向下，手指微接，隨即用力向下按，同時鼻中吐氣，使浮氣出，而丹田氣存。初習者，兩臂骨節，不見響動，且酸痛異常。習之既久，功夫已深，則骨節咭（ㄐㄧ）咭有聲，氣隨意注，頓覺腹堅如石，臂力加增。（圖7-6）

不停，緩按兩手，掌心向下，用力作勢，同時鼻中繼續吐氣，使浮氣排出，丹田有力，兩眼開張，直視身前。（圖7-7）

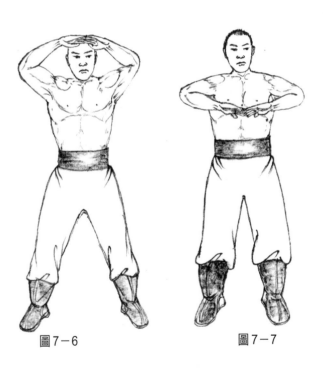

圖7-6　　　　　　　　圖7-7

　　吐氣愈悠長愈佳，不可用力，兩掌繼續下按，待按至胸下時，兩臂兩腕用力益猛，唯須緩慢而有力，切不可急速，待按至下腹前，方停止吞吐。喉間咽氣一口，不可隨意吞氣、吐氣，即待第二次吞吐時，再行開口吞氣。（圖7－8）

圖7－8

　　以上8圖，均為連貫動靜姿勢，為明瞭易學起見，故分解之，習者須體會之可也。（尤須注意者，即吞氣時兩手不用力，吐氣時用力，以下仿此。）

【吞吐解】

渾元鐵布衫之吞吐法，亦即呼吸之別名，道家所謂「導引吐納」，釋家所謂「練氣行功」，儒家所謂「善養浩然之氣」，均功同名異也。吞氣有以口吞或鼻吞之分，亦即文法、武法之別也，俗謂文火、武火。吐氣則完全以鼻行之。

口吞為武法，如吞吐八勢、排打五勢、操硬功五勢是也。其法即微開其口，舌上捲，微抵上腭，握固神思，冥心凝目，輕輕悠悠，用口吸氣，俗謂「喝氣」，又名「吃氣」，又名「天罡氣」，默念「呵」字，是為吞氣。再閉口藏舌，使氣下降，貫注小腹，是為沉氣。由鼻孔呼出，俗謂「醒氣」，默念「哂」字，亦須輕輕悠悠，是為吐氣。以上則稱武法。

鼻孔吞氣為文法，如無我無他勢、澄心靜氣勢、貫注六勢、按摩八勢是也。即閉口，舌上捲，抵上腭，心靜神斂，由鼻孔吸氣，俗謂「聞氣」，默念「噓」字，亦須輕輕悠悠，是為吞氣。使氣入於小腹，是為沉氣。仍由鼻孔呼出，醒氣，默念「哂」字，是為吐氣。

總之，口吞為武，鼻吞為文，文武並行，火候相間，收效自速。單用武火，習者易至內傷；單用文火，習者稍有不慎，每易致魔。均不及文武火候相間之為速，此則渾元鐵布衫之別開生面者。

(二) 合掌提拳勢

承上勢，身體姿勢不動，待其咽氣一口後，即微開其

口，舌上捲，微抵上腭，兩肩後收，胸開張，不可用力過
猛，從口吞氣入下腹，須輕輕悠悠。（圖7－9）

　　吞氣亦須悠長，不停，兩足跟應吞氣之勢，輕輕提
起，足跟距地約一拳。（圖7－10）

　　不停，兩足跟借上身之沉勁，著地，同時兩膝稍屈，
兩肩下沉，兩臂稍彎，閉口沉氣，使下腹向前迎，但不可
顯形。（圖7－11）

　　暫時閉口沉氣，停止吞吐，使下腹有力，同時用力伸
下五指，兩掌相合，左手拇指按右手拇指。（圖7－12）

　　再虛握兩手成空拳，少林所謂彈子拳是也，用力上
提，鬆肩、墮胯、頭頂、開胸，亦須緩慢，同時鼻中吐
氣，下腹微向前迎。（圖7－13）

圖7－9

圖7－10

圖 7−11

圖 7−12

圖 7−13

　　不停，待兩手提至小腹前時，即暗用分勁，向左右分提之，同時兩臂漸漸彎曲，兩掌心漸漸向上轉，肩愈下沉，胸愈開張，下腹愈有力。（圖7－14）

　　不停，待兩手提至兩肋旁，而兩掌心向上、兩肘向後時，方停止吞吐。喉間咽氣一口，不可隨意吞吐，即待第三次吞吐時，再行開口吞氣。（圖7－15）

　　以上七圖，均為連貫動靜姿勢，為明瞭易學起見，故分解之，習者須體會之可也。

圖7－14

圖7－15

(三) 變掌下按勢

承上勢，身體姿勢不動，待其咽氣一口後，即微開其口，按前法吞氣。（圖7－16）

稍停，足跟提起，亦按前法。（圖7－17）稍停，足

圖 7－16

圖 7－17

跟著地，閉口沉氣，兩膝稍屈，亦按前法。停止吞吐，用力緩舉兩手，待兩手舉至兩肩上，亦按前法。（圖7－18、19）

圖7－18

圖7－19

　　兩手乃漸向內合，待兩手指微接於頭頂上，兩膝已漸漸伸直，亦按前法。（圖7－20）

　　即緩按兩手，用力作勢，同時鼻中吐氣，亦須悠長，兩臂兩腕用力，待按至下腹前，方停止吞吐，咽氣一口，亦按前法。（圖7－21）

　　以上六圖，係其連貫動靜姿勢，習者須體會之。

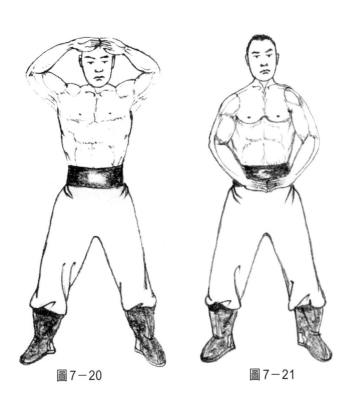

圖7－20　　　　　　　　圖7－21

（四）提轉分掌勢

承接上勢，待咽氣一口後，身體姿勢不動，按前法吞氣。（圖7－22）

足跟輕輕提起，亦按前法。（圖7－23）

圖7－22   圖7－23

足跟借上身之沉勁著地，閉口沉氣，亦按前法。（圖7－24）

兩掌反腕，掌心向外，指端相對，從胸前上提向外轉，肩下沉，肘下墜，頭頂上攢，下腹有力，同時按前法鼻中吐氣。（圖7－25）

稍停，待轉至兩臂左右伸直為度，肩須鬆開，兩手掌

心向下，指端向左右極力伸開，下腹沉氣，停止吞吐，並咽氣一口，亦如前法。（圖7－26）

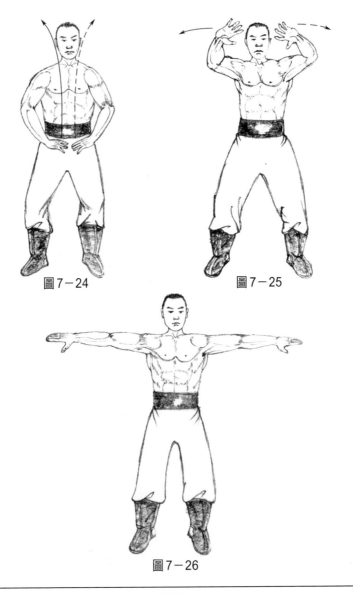

圖7－24　　　　　　　　　圖7－25

圖7－26

（五）雙手翻掌勢

　　承上勢，待咽氣一口後，身體姿勢不動，按前法微開其口，吞氣。（圖7-27）

圖7-27

　　足跟輕輕提起，亦按前法。（圖7-28）
　　足跟著地，閉口沉氣，亦按前法。（圖7-29）

圖7-28

圖7-29

　　稍停，兩腕指端轉向前下方，掌心由下轉向後、再向上，同時吐氣，亦按前法。此係方欲轉時之圖。（圖7－30）緩緩轉腕，待轉至兩臂伸直、掌心向上，停止吞吐，並咽氣一口。（圖7－31）

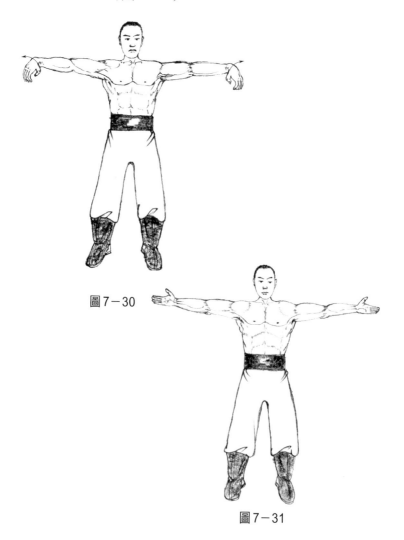

圖7－30

圖7－31

(六) 收舉按掌勢

承上勢，待咽氣一口後，身體姿勢不動，微開其口，按前法吞氣。（圖7－32）

圖7－32

足跟提起，亦按前法。（圖7－33）

稍停，足跟著地，閉口沉氣，使下腹有力，鬆肩，墮胯，屈膝，瞪目。（圖7－34）

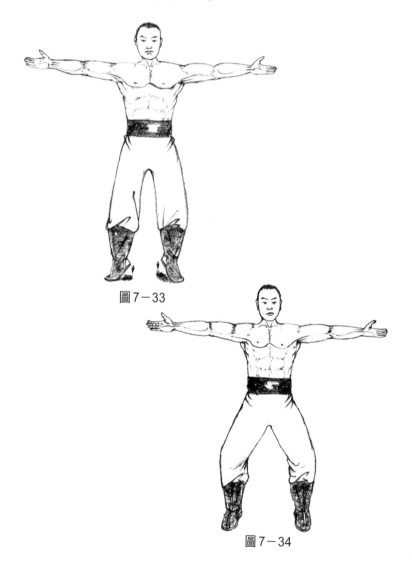

圖7－33

圖7－34

　　稍停，兩手向上舉，掌心向內，亦按前法。（圖7－35）

　　稍停，兩手舉至頭頂，兩手指端輕接，膝已伸直，掌心向前（稍向下方）。（圖7－36）

圖7－35

圖7－36

兩手按至下腹前，同時停止吞吐，亦按前法，咽氣一口。（圖7－37）

圖7－37

（七）提掌下分勢

承上勢，待咽氣一口後，即按前法，微開其口，吞氣。（圖7－38）

不停，足跟提起，亦按前法。（圖7－39）

足跟著地，閉口沉氣，亦按前法。（圖7－40）

兩手掌心向外（稍向下），從下腹前上提，向左右分開，分向兩股側，同時按前法吐氣。此則中途之圖。（圖7－41）

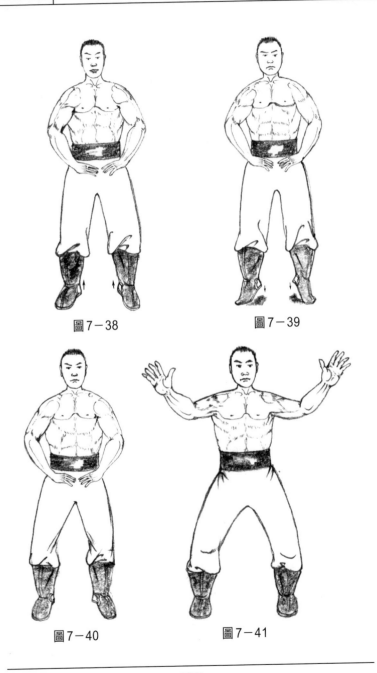

圖7-38

圖7-39

圖7-40

圖7-41

不停，兩手分至兩股旁，掌心向前，膝已伸直，五指伸開，同時停止吞吐，並咽氣一口，亦按前法。（圖7－42）

圖7－42

（八）雙爪按腹勢

承上勢，上身姿勢不變，只左腿向前、右腿在後，兩手掌心向下，置於兩股旁，兩膝稍屈，身體重點在左足跟，開口吞氣，亦按前法。（圖7－43）

閉口沉氣，下腹向前擁，鬆肩，墮胯，頭頂上攢，兩眼張開。（圖7－44）

稍停，使氣注入下腹，用力前迎，兩手五指抓勁，強按下腹，兩下相抵，同時鼻中吐氣，亦按前法。（圖7－45）

圖7-43

圖7-44

圖7-45

再右腿向前，左腿在後，按前法吞氣。（圖7－46）

閉口沉氣，下腹前擁，鬆肩，墮胯，頭頂上攢，兩眼張開。（圖7－47）

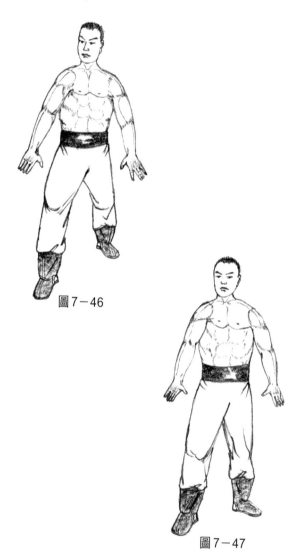

圖7－46

圖7－47

五指用力，強按下腹，亦按前法吐氣。（圖7－48）

圖7－48

三、澄心靜氣勢

　　左足並靠右足，成身體正立姿勢，兩腕微靠兩股，掌心向下，頭直腭收，兩眼張開，沉肩，頭頂上攢，以鼻深吞吐三次。再閉口藏舌，而行調息，即鼻吞鼻吐，如平常呼吸，同時清靜心思，氣沉丹田，期收至效，則外魔不侵，內邪遠避。習技者能深解乎此，其於練功卻病之道庶幾得之矣。

　　此勢約兩、三分鐘，再行貫注功，以期貫注四肢百

骸，為我用也。（圖7－49）

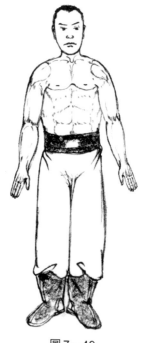

圖7－49

四、貫注功

（一）左右甩掌勢

　　騎馬勢，兩腿不用深屈，身體正直，兩肩輕垂，左手向左平伸，右手屈置左肩前，兩手掌心向下，頭稍左斜，目視左手指端，此時肩須極力鬆勁。（圖7－50）

稍停，左手向右屈，右手向右甩，掌心向下不變，同時用鼻吞氣。較吞吐八勢則異，須注意及之。（圖7－51）

圖70－50

圖7－51

　　稍停，待至右手向右平伸，左手屈置右肩前，掌心仍向下，此時肩須極力鬆勁，同時鼻中吐氣，亦按前法。（圖7－52）

　　稍停，反前法，右手向左屈，左手向左甩，同時鼻中吞氣。（圖7－53）

　　不停，左手甩至向左平伸，同時鼻中吐氣。（圖7－50）

　　如此往復約若干次。

圖7－52　　　　　　　　圖7－53

（二）分拳蹬腿勢

　　右拳虛握，屈肘胸前，拳心向內，左臂在外，左拳虛

握，屈肘胸前，拳心向外，右臂在內，左腿提起，右腿伸直，鬆肩，墮胯，頭頂上攢，閉口藏舌，同時鼻中吞氣。（圖7－54）

　　稍停，左腿猛力蹬出，唯足不著地，足跟用力下蹬，同時鼻中吐氣，亦按前法。兩手應吐氣之勢分開，左手向下，拳心向後，右手向上，拳心向前，使丹田有力，氣貫四肢。此為左勢。（圖7－55）

圖7－54

圖7－55

　　稍停，將兩拳收回，左足著地，再將左拳虛握，屈肘胸前，拳心向內，左臂在內，右手虛握，屈肘胸前，拳心向外，右臂在外，右腿提起，左腿伸直，同時鼻中吞氣。

此為右勢，與左勢相反。（圖7－56）

　　稍停，右腿猛力蹬出，足不著地，右手向下，拳心向後，左手向上，拳心向前，用力分而撐出，同時鼻中吐氣，亦按前法，使丹田有力，氣貫四肢。（圖7－57）

圖7－56　　　　　　　　圖7－57

　　如此左右勢往復若干次。但在兩手向左右上下分時，須用撐力，有如托沉重物狀，足底似蹬千斤石狀，而心中默念氣貫四肢。

　　此勢效果最大，初習頗苦之，不三數日，周身酸痛。待習之既久，則肌肉堅實，氣貫四肢，而骨節咭咭有聲。

(三) 雙臂互撞勢

騎馬勢，兩手如合抱勢，但不接觸，指端向前，掌心向下，虎口要圓，兩臂彎曲，鬆肩，墮胯，頭頂上攢，同時鼻中吞氣。（圖7－58）

稍停，兩臂猛向中央互撞，左臂在下，右臂在上，使丹田有力，同時鼻中吐氣，默念氣貫四肢，尤須注意兩臂。（圖7－59）

稍停，兩臂張開，同時鼻中吞氣。（同圖7－58）

圖7－58

圖7－59

稍停，兩臂再猛向中央互撞，右臂在下，左臂在上，同時鼻中吐氣。此勢互撞時，須適當吐氣未已之際，而五指仍伸開。（圖7－60）

圖7－60

初習時，兩臂不必用力相撞，輕輕接觸即可。待習之日久，再猛力相撞。習之百日，則肌肉堅實。習之一年，再與排打第（五）勢相輔為用，則所謂「鐵臂功」成矣。

如此左上右下、右上左下，往復互撞若干次。

（四）前後伸掌勢

左弓勢，兩拳虛握，曲肘胸前，右拳在內，左拳在外，兩手拳心向內，兩眼注視左拳，同時鼻中吞氣，鬆肩，墜肘，頭頂上攢，下腹前擁。（圖7－61）

稍停，右拳變掌，向前猛力伸出，掌心向前，指端稍

向左方，左拳（變掌）猛力向後伸出，掌心向後，指端
稍向右，眼視右手指端，兩臂向前後伸出時，右手須用撐
力，左手稍含摟力，兩肩鬆開，周身抖擻，使丹田有力，
氣貫四肢，同時鼻中吐氣。（圖7－62）

圖7－61

圖7－62

稍停，兩掌收回，仍為掌，屈肘胸前，左臂在內，右臂在外，掌心向上（稍向內），眼視右手指端，同時鼻中吞氣。（圖7－63）

稍停，左掌向前，右掌向後，猛力伸出，左手掌心向前，指端稍向右，右手掌心向後，指端稍向左，眼視左手指端。兩掌伸出時，左手須用撐力，右手稍含摟力，鬆肩，周身抖擻，使丹田有力，氣貫四肢，同時鼻中吐氣。（圖7－64）

圖7－63

圖7－64

　　稍停，右膝彎曲，從右向後拗身，變為右弓勢，兩掌收回，即變為拳，屈肘胸前，拳心向內，兩拳虛握，左拳在內，右拳在外，眼視右拳，同時鼻中吞氣。（圖7－65）

　　稍停，兩拳變掌猛力伸出，左手向前，掌心向前，指端稍向右，須用撐力，右手向後，掌心向後，指端稍向左，稍含摟力，鬆肩，下腹前擁，使丹田有力，氣貫四肢，同時鼻中吐氣。（圖7－66）

圖7－65

圖7－66

稍停，兩掌收回，仍為掌，屈肘胸前，右掌在內，左掌在外，掌心向內，眼視右手指端，同時鼻中吞氣。（圖7-67）

稍停，兩手前後猛力伸出，同時吐氣，亦按前法。（圖7-68）

如此左右往復若干次。

初習頗苦之，甚至周身酸痛，尤以腋脅較為吃力。習之百日，則肌肉堅實。勤習一年，則氣貫四肢，骨節咭咭有聲。習之三載，則氣隨意注。再與排打、操硬功相輔為用，則「鐵肋功」成矣。

圖7-67

圖7-68

(五) 雙手揉球勢

　　騎馬勢，兩膝稍屈，兩臂彎曲，兩掌如爪，掌心向下，虎口要圓，鬆肩，頭頂上攢，頸須挺直，鎮靜丹田，兩眼張開。（圖7-69）

　　右掌由胸前屈置右腋窩，指端向後，掌心向上，左掌移置右手前，掌心向上，鬆肩，墮胯，同時鼻中吞氣。（圖7-70）

圖 7-69

圖 7-70

　　稍停，右掌掌心向上不變，沿右腋窩向後伸出，鬆肩，使右臂向後伸直，左掌由右肩前向前伸出，掌心仍向上，兩手五指強伸，同時鼻中吐氣。（圖7－71）

　　稍停，右掌向前移，掌心仍極力向上，左掌由胸前向左腋移動，掌心仍保持向上。頭稍向右轉，眼視右手指端，使下腹前擁，同時鼻中吞氣。（圖7－72）

圖7－71

圖7－72

　　稍停，兩手如抱物狀，輕輕向前移動，待至右掌移至額前，左掌移至胸前，此時兩手掌心已上下斜對，即右手掌心向前下、左手掌心向前上，眼視右手指，同時鼻中吞氣。（圖7－73）

　　稍停，兩掌繼續向前移動，待轉至左掌在額前、右手在胸前，兩掌仍保持相對，眼視左手拇指，同時吐氣。

　　以上3圖，係半面向右。再兩手如揉空懸之球，須緩而有勁，氣隨意注。（圖7－74）

圖7－73

圖7－74

　　稍停，左掌屈置左腋窩，掌心向上，指端向後，右掌移置左手前，掌心向上，眼視指端，同時鼻中吞氣。（圖7－75）

　　稍停，左掌向後伸出，右掌向前伸出，兩手掌心仍向上，眼視右手指端，同時吐氣。（圖7－76）

　　稍停，左手向前移動，右手向左腋前移動，兩手掌心

圖7－75

圖7－76

仍保持斜向相對，頭稍向左轉，眼視左手拇指，同時鼻中吞氣。（圖7－77）

　　稍停，兩手如抱物狀，輕輕向前移動，待移至左掌在額前、右手在胸前，兩手掌仍斜對，即左手掌心向前下、右手掌心向前上，同時鼻中吞氣，兩眼張開。（圖7－78）

　　稍停，兩掌繼續向前移動，待移至左掌在胸前、右掌在額前，兩手掌心仍保持相對，同時吐氣。

圖7－77

圖7－78

以上3圖，係半面向左。再兩手亦如揉空懸之球，須緩而有勁，氣隨意注。（圖7－79）

此勢初習腰腹兩脇苦甚。待習之百日，則覺胸襟開闊，爽快異常，勤習一年，則氣貫四肢，從腋肋漸達指尖，其效妙甚！

（六）左右推揉勢

騎馬勢，兩膝稍屈，兩臂彎曲，掌心向下，五指伸開，虎口要圓，兩肩鬆下，胸開張，頸宜直，眼瞪起，頭頂上攢，閉口藏舌，鎮靜丹田。（圖7－80）

圖7－79　　　　　　圖7－80

　　右肩下垂，右掌做向左前推揉勢，左臂彎曲，做向左前揉推勢，即右手下沉、左手浮起，上身稍向左傾，使下腹向左前擁出，同時鼻中吞氣。（圖7－81）

　　稍停，兩手掌心漸轉向左前方，指端漸轉向上方，頭稍向左前轉，兩手含揉推之勢，眼視左手指端，使丹田有力，氣貫四肢，同時吐氣。（圖7－82）

圖7－81

圖7－82

　　稍停，兩掌繼續向左前推揉，左膝漸屈，右膝漸直，下腹前擁，同時鼻中吞氣。（圖7－83）

　　稍停，待推揉至兩臂伸直、右臂漸屈，掌心轉向前，左臂稍屈，掌心轉向前，兩掌指端向上，虎口相對，作向回帶領之勢，身體略收，同時吐氣，使丹田有力，氣貫四肢。此為向左推揉勢，乃陽揉陰剛之勢。（圖7－84）

圖7－83

圖7－84

　　稍停，左肩下垂，左掌做向右前推揉勢，右臂彎曲，做向右前揉推勢，即左手下沉，右手上浮，上身稍向右傾，使下腹向右前擁出，同時鼻中吞氣。（圖7－85）

　　稍停，兩手掌心漸漸轉向右前方，指端漸漸轉向上方，頭稍向右前轉，兩手含揉推之勢，眼視右手指端，使丹田有力，氣貫四肢，同時吐氣。（圖7－86）

圖7－85

圖7－86

稍停，兩掌繼續向右前推揉，右膝漸屈，左膝漸直，下腹前擁，同時鼻中吞氣。（圖7－87）

稍停，待推揉至兩臂伸直，左臂漸屈，掌心轉向前，右臂稍屈，掌心轉向前。兩掌指端向上，虎口斜對，作向回帶領之勢。身體略收，同時吐氣，使丹田有力，氣貫四肢。此為向右推揉之勢，亦陽揉陰剛之勢。（圖7－88）

此勢初習時，要領極難領悟。習之百日，則肌肉堅實。勤習一年，則氣隨意注。

圖7－87

圖7－88

五、排打功

(一) 排胸左右勢

左足踏出，左拳握緊，屈肘胸前，右拳緊握，斜拖於後，同時微開其口，舌微抵上腭，吞氣，眼視左拳，默念胸堅如石，氣貫上身。（圖7-89）

待吞氣已畢，即將右拳排擊左胸，同時按前法吐氣。唯吐氣須與拳著胸時並行，且胸須稍向前迎。此為左勢。

如此繼續排打。初習者，擊四次、八次、十二次，漸漸增加，以四十次為度。其初也，排打力小，愈久愈增，吐氣聲音亦愈大。（圖7-90）

圖7-89　　　　　　圖7-90

右足踏出，右拳緊握，屈肘胸前，左拳作欲擊右胸之勢，同時微開其口，吞氣。（圖7－91）

待吞氣已畢，急將左拳猛擊右胸，同時吐氣，亦按前法漸進，至四十次為度，此為右勢。（圖7－92）

圖7－91　　　　　　　　圖7－92

此勢習之百日，則肌肉突起，勤習一年，則不畏拳棍之擊。習之三載，則利刃可避。而迎面前胸最易致傷害命之六穴，亦可無慮矣。

【運氣解】

排打、操硬功之時，應將目的所在，默念於心，製成簡短字句，念念不絕。例如其目的胸肌堅實，且志求不畏

擊，則默念胸肌堅如鐵石，氣鼓注包羅於此，在吞氣待吐之際，而施行排打、操硬功，如是則心、氣、力一致，而其效見矣。但在排打或操硬功之際，吐氣（即鼻孔醒氣）須待拳、棍、鐵尺著身時同時行之，過早過遲，均非所宜也。

此默念固不限於排打、操硬功，它如在習拳練功，則默念踢腿、打拳，則氣隨意注，亦收奇效。而默念字句，但須簡單、明瞭，易起感動。

（二）排肋左右勢

右足踏出，右拳緊握，默念氣由丹田貫入右肋，右肘橫曲胸前，拳心向前下，虎口向內，左拳作欲擊右肋勢，同時微開其口，舌微抵上腭，吞氣。（圖7－93）

圖7－93

　　待吞氣已畢，急將左拳猛力擊右肋，下腹前擁，右肋向前迎抵。同時吐氣，亦按前法。而須漸進，以四十次為度。此為右勢。（圖7－94）

　　左足踏出，左拳緊握，橫肘胸前，拳心向前下，虎口向內，右拳作欲擊左肋勢。同時微開其口，舌微抵上腭，吞氣。（圖7－95）

圖7－94　　　　　　　　　　圖7－95

　　待吞氣已畢，即將右拳排擊左肋，使下腹前擁，左肋向前迎抵，同時吐氣，亦按前法。而須漸進，以四十次為度。此為左勢。（圖7－96）

　　此勢初習亦頗苦之。習之百日，則兩肋肌肉堅實。勤習一載。即可避堅，如鐵尺排打，不畏拳擊。習之三年，

則利刃可避矣。

（三）排腹左右勢

右足踏出，右拳緊握，右肘屈置右肋，拳心向上，左拳置額上，拳心向前，鬆肩，使下腹前擁，同時開口吞氣，亦按前法。（圖7－97）

圖7－96

圖7－97

待吞氣已畢，即將左拳排擊右小腹，使小腹前迎，同時吐氣，亦按前法。此為右勢。（圖7－98）稍停。左拳提起，仍置額上，同時開口吞氣，亦按前法。（圖7－97）

圖7－98

待吞氣已畢，急將左拳擊左小腹，亦按前法，同時吐氣。（圖7－99）

左足踏出，左拳緊握，左肘曲置左肋，拳心向上，右拳置額上，拳心向前，同時開口吞氣，亦按前法。（圖7－100）

待吞氣已畢，右拳排擊左小腹，同時吐氣，亦按前法。此為左勢。（圖7－101）

圖7－99

圖7－100

圖7－101

　　稍停。再將右拳提起，仍置額上，同時開口吞氣。
（同圖7－100）

　　待吞氣已畢，即將右拳排擊右小腹，同時吐氣，亦按
前法。（圖7－102）

　　此勢初習者苦之，且覺痛楚。習之百日，則小腹堅
實。勤習一載，則氣貫丹田，不畏拳擊。

　　左右往復擊之。其初以十次為度。排擊時使小腹有
力，而且前迎。排打力量須漸漸增加，同時吐氣且須與擊
著相應。

圖7－102

(四) 排打心窩勢

左足踏出，左拳緊握，左肘屈置左肋，右拳置額上，同時開口吞氣，亦按前法。（圖7－103）

待吞氣已畢，右拳輕擊心窩，同時吞氣。初習者，須輕輕擊之，不可用猛力，須漸漸增加力量。此為右勢。（圖7－104）

右足踏出，左拳置額上，右肘置右肋，同時開口吞氣。（圖7－97）

圖 7－103

圖 7－104

待吞氣已畢，左拳輕擊心窩，同時吐氣。此為左勢。

初習者須輕緩，漸漸增加力量，且初習苦甚。習之百日，胸肌堅實。勤習一年，氣隨意注，則不畏拳擊。是為排打第四勢。（圖7－105）

（五）排臂左右勢

左足踏出，左臂伸出稍彎，拳心向右，虎口向上，右臂屈置額前，拳心向外，兩拳虛握，鬆肩，墮胯，頭頂上攢，同時開口吞氣。（圖7－106）

圖7－105　　　　圖7－106

待吞氣已畢，右拳猛力下擊，左拳變掌，接擊右小臂，右肩極力下沉，右臂前推，右手食指極力伸直，右臂與左掌接觸時，含圈力向前抵，眼視右手食指，同時吐氣。此為右勢。（圖7－107）

右足踏出，右臂伸直稍彎，左臂屈置額上，兩拳虛握，右手拳心向左，虎口向上，左手拳心向前，虎口向下。同時開口吞氣。（圖7－108）

圖7－107

圖7－108

待吞氣已畢，左臂猛力下擊，右拳變掌，接擊左小臂，左臂極力下沉，左臂前推，左手食指極力伸直，左臂與右手接觸時，含圈力前抵，眼視左手食指，同時吐氣。此為左勢。（圖7－109）

此勢亦須漸進。初習以十二次、十八次，至八十次為度。習之百日，則臂膀肌肉堅實，習之一載，則食指與小臂堅如鐵石。鐵臂功無意習得，與人交手，可以防身，可以致勝。兩臂互撞，挾持敵手腕臂，或敵方擊下即提起挑掛，再繼劈下，臨機致勝，確有奇效。

圖7－109

六、操硬功

(一) 鐵頭功

(1) 騎馬勢，兩膝稍屈，左手緊握沙袋之末端，右手緊握中段，左手置於下腹前，掌心向下，虎口向前，右臂伸出，稍彎，右拳與左拳斜向相對，掌心向左上方，虎口向前，默念氣貫百會（百會穴，即頂門）及額心（額心穴，即前額骨），確信堅如鐵石，同時微開其口，舌微抵上腭，吞氣。（圖7－110）

圖7－110

沙袋：以水龍袋或粗布數層之長袋，內盛煉製之鐵砂及綠豆、麩子。煉製鐵砂，係用細鐵珠砂盛於舊鐵鍋內炒紅，浸入鮮豬血內，炒七次，浸七次，再埋入土中二十一天，去其火性，然後放入沙袋內，兩端用絲線縫固之。

待吞氣已畢，兩手合力，掄起沙袋向頂門擊之。頭頂俟沙袋擊下時，須收下腭，頭頂向上攢、向前迎，同時鼻中吐氣。（圖7－111）

亦須漸進，蓋頭骨甚薄，初習時氣不能十分鼓注包羅，可用力小，漸次力猛。此勢習前，須多習無我無他勢，以期心靜神效。初習可四次、五次、十二次，至二十次為度。並須自己留意，若覺痛楚過甚，須緩而擊之。習之百日，則頭頂肌肉雖薄而堅實。勤習一年，則貫頂開磚。習之三載，則貫頂開石。避堅不畏擊，但須與操硬功第二勢、第三勢併合之。

圖7－111

(2) 騎馬勢，將沙袋放於頂門上，前後垂下兩端，左手將砂磚一塊至三塊，放於沙袋上，中食指二指扶於砂磚之下緣，掌心向內，免其落地，右手持另一砂磚之下緣，伸直右臂，掌心向前，同時開口吞氣。（圖7－112）

圖7－112

待吞氣已畢，右手將砂磚上舉，擊頭頂上之砂磚，同時鼻中吐氣。頭頂俟沙袋擊下時，須收下頜，頭頂向上攢、向前迎，頸挺直，默念氣貫百會，自信吾之頭頂堅如鐵石！

亦須漸進，其初也，必不能碎，甚至頭痛。但據實驗結果，如操之以時，持之以恆，百日即可一擊而碎，而頭無恙也。初習以四次、八次、十二次，至二十次為度。勤習一年，即可以磚擊頭，吐氣攢頂，一擊而磚碎矣。習

之三年，則不畏拳棒之擊，鐵頭功避堅得之矣。（圖7－
113）

（3）騎馬勢，兩膝稍屈，左手將砂磚一塊或三塊，放
於頂門，以拇指食指扶於砂磚之下緣，右手持另一砂磚
之下緣，伸出右臂，掌心向前，同時開口吞氣。（圖7－
114）

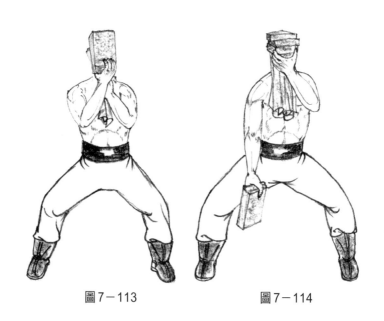

圖7－113　　　　　　圖7－114

待吞氣已畢，右手將砂磚上舉，擊頂門上之砂磚，同
時鼻中吐氣。頭頂俟砂磚擊下時，須收下腭，頭頂上攢、
前迎，頸挺直，默念氣貫百會，自信吾之頭堅如鐵石，則
氣隨意注，可一擊而碎。

此勢亦須漸進。初習四次、八次、十二次，至二十次
為度。如習之百日，則貫頂開磚。勤習三年，則鐵頭功成

矣。再習擊磚以後，可用一寸寬、數分厚之鐵尺擊頭，一擊彎之；再易鋼尺，一擊折之；再易圖木棍擊之，吐氣攢頂，擊之無恙，甚將棍折，是則要在學者之恒心耳！即欲強身健體，不期致用，然肌肉堅實，氣血流通，丹田有力，益壽延年，亦佳事也。（圖7－115）

(二) 鐵背功

左足踏出，兩手緊握鐵掃帚之柄，右手在前，掌心向左，虎口向前下，左手在後，掌心向右，虎口向前下，同時開口吞氣，上身前迎，頭頂上攢。（圖7－116）

圖7－115　　　　　　圖7－116

　　鐵掃帚：即用鐵絲長三尺一束，約七十根至一百根，纏為掃帚形，上端散開，下端束布纏絲為柄。鐵絲亦須煉製者，即鐵絲放爐上燒紅，浸入鮮豬血內，燒七次，浸七次，再撒石灰，用布包裹埋於土中二十一天，去其火性，然後取出備用。

　　待吞氣已畢。兩手將鐵掃帚掄起，向脊背擊之，須右手至虎口向下，反腕，掌心向前，同時吐氣，脊背向上迎抵。（圖7－117）

　　此勢亦須漸進，初習四次、八次、十二次，以二十次為度。衣服不可過薄，亦不可過厚，以鐵掃帚擊時，初習覺痛不至外傷為度，以薄絨衣為佳。待習之功深，則赤背亦可行之，漸易木棍鐵尺擊之。此為右勢。

圖7－117

左足踏出，右手在後，左手在前，為左勢。

習之百日，則肌肉堅實。習之一年，脊背可不畏拳棍之擊，且開磚易如反掌。勤習三年，即可避堅避銳，而龜背功成矣。

（三）鐵腔功

左足踏出，左肘屈置胸前，左拳緊握，掌心向上，右手緊握鐵掃帚，拖於右股後，胸腹前迎，同時開口吞氣。（圖7－118）

待吞氣已畢，右手將鐵掃帚掄起，向左胸、左肩、左臂擊之，同時胸肩向前迎，鼻中吐氣。（圖7－119）

圖7－118　　　　圖7－119

此勢亦須漸進，衣服同上勢。初習四次、八次、十二次，以二十次為度。此為左勢，右勢反此。

習之百日，兩肋、肩、臂膀肌肉堅實。習之一年，即可改木棍、鐵尺，擊胸臂膀兩肋，不畏痛楚。勤習三年，則避堅即成功，而不畏利刃，避銳亦可得之。

所謂三節棍擊胸、鐵尺排肋，則氣隨意注，包羅周身，運用裕如，乃其小者焉。但操硬功雖此五勢，而其中包括甚廣，如竹片排打、砂磚排打周身等，要在習者心領神會矣。

七、調和功

(一) 按摩頂門勢

又名摩頂功。

兩足分開直立，兩足離開間隔與兩肩相等，兩掌合拍，左手拇指壓於右手拇指之上，兩臂上舉，指端向後上方，用食指之緣，前後往來按摩頂門，同時以鼻吞氣，須緩和，鎮靜丹田，胸開張，頭上攢，兩眼極力開張，以消頂門操硬功、吞吐之火。

如此往復若干次。待火氣消而汗液降為止。（圖7－120）

(二) 按摩額心勢

身體姿勢不動，左右手均可，用掌橫按額心，五指伸開，掌心向內。如以右掌按摩，左臂屈置背後命門處，以

消額頂之火，而清心袪邪也（額骨通心，故也）。兩眼張開。（圖7－121）

圖7－120　　　　　　　　圖7－121

（三）按摩眉梢勢

身體姿勢不動，兩手緊握，使兩手食指之中節極力彎曲突出，用食指中節按於兩眉梢之凹陷處，轉揉小圈按摩之，以消兩太陽之火。兩眼極力張開。（圖7－122）

（四）按摩眼眶勢

身體姿勢不變，兩拳緊握，使拇指之根節極力彎曲突出，即以拇指根節按於上眼眶上，沿眼眶按摩。即左手

由上而左、而下、而右、而上轉一周，右手由上而右、而下、而左、而上、而轉一周。

如此按摩，轉至若干周，以消兩眼之火，而舒肝也。且兩眼更極力張開，待兩眼清朗，淚水流出為度。（圖7－123）

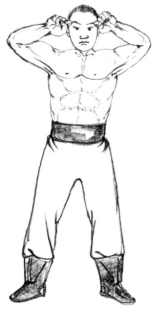
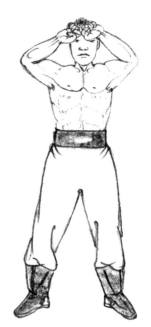

圖7－122　　　　　圖7－123

以上三、四兩勢，又名明目功。

（五）按摩太陽勢

身體姿勢不變，兩手掌心向下，兩手拇指按於兩金錢穴（即太陽穴）上。強壓通耳之筋絡，向下、向後按摩

之，以消兩顴之火及耳上之火。兩眼張開。往復若干次。
（圖7－124）

（六）按摩兩耳勢

身體姿勢不變，兩掌伸開，按於兩耳上，使兩手食指、中指離開，挾持兩耳，兩掌用力按勁、挾勁，向上、向下來往按摩。向上勁小，向下勁大而長，以消兩耳之火。

蓋五官七竅，大多相通聲氣。渾元鐵布衫練後最注意多行按摩者，厥唯兩耳、兩眼。如按摩得法，決無耳聾、眼起白雲之弊。兩眼更易張開，往復若干次，待耳中嗡嗡冒火，而腦府清朗為度。又名聰耳功。（圖7－125）

圖7－124   圖7－125

(七) 按摩發根勢

　　身體姿勢不變，兩掌捂於頂門，向下按摩之，同時頭頂上清，兩眼張開，兩手向下。按摩時，如吾人泅水之際，甫由水中探首外出，畏水入目，用兩手按摩頭面去水之狀。再用兩手由面上往下按摩，如捋鬚狀。（圖7－126）

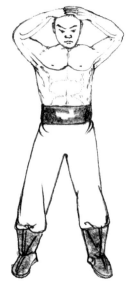

圖7－126

(八) 自由按摩勢

　　身體姿勢隨便，立勢、騎馬勢均可，仿照理髮之放睡，兩手虛握成拳，捶擊周身各部，以消各部排打、操硬功之火，而行其氣，最為重要。因勤作繁多，故無圖。其

法如騎馬勢，可先捶擊兩肩、兩肋、胸、腹、左臂、右臂、腰、臀、股、腿。最好兩人互相捶擊，較為周密便利。

按摩功，俗為放火，在氣功最關緊要。氣息吞吐之火，排打操硬功之火，如不明放火，將來兩耳、兩目容易致疾，或他部發生病象。練者實地經驗，以走兩目者為多，兩耳次之。因一般自私拳家，每故意不傳，致使求學者，每多向隅。但在此時，放火發汗，毛孔已開，怕風，須先在室內或避風處散步，再行任意散步為要。

(九) 揉球散步勢

兩手應兩足前進之勢，來往前後旋動，有如揉球狀，兩膝稍彎，使丹田有力，以舒各部之氣血。（圖7-127）

圖7-127

　　上係左足前進，右手前旋，左手後旋，兩掌心前後之勢。此為右足前進、左手前旋、右手後旋、兩掌心前後之勢。（圖7－128）

　　練功後，如再練習拳械，借舒其氣而放其火，則更妙矣！

圖7－128

歡迎至本公司購買書籍

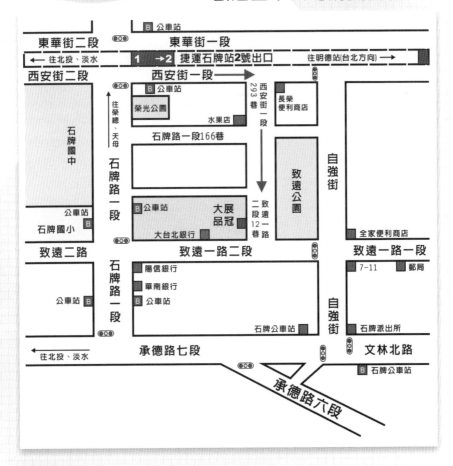

建議路線

1. 搭乘捷運‧公車

　　淡水線石牌站下車，由石牌捷運站2號出口出站(出站後靠右邊)，沿著捷運高架往台北方向走(往明德站方向)，其街名為西安街，約走100公尺(勿超過紅綠燈)，由西安一段293巷進來(巷口有一公車站牌，站名為自強街口)，本公司位於致遠公園對面。搭公車者請於石牌站(石牌派出所)下車，走進自強街，遇致遠路口左轉，右手邊第一條巷子即為本社位置。

2. 自行開車或騎車

　　由承德路接石牌路，看到陽信銀行右轉，此條即為致遠一路二段，在遇到自強街(紅綠燈)前的巷子(致遠公園)左轉，即可看到本公司招牌。

國家圖書館出版品預行編目資料

少林鷹爪鐵布衫／常加杰編著
——初版，——臺北市，大展，2012〔民101.06〕
面；21公分，——（少林功夫；27）
ISBN 978-957-468-882-1（平裝）

1. 少林拳

528.972　　　　　　　　　　101006801

少林鷹爪鐵布衫

編　　著／常　加　杰
責任編輯／何　宗　華
插　　圖／凌　　召
發 行 人／蔡　森　明
出 版 者／大展出版社有限公司
社　　址／台北市北投區（石牌）致遠一路2段12巷1號
電　　話／(02) 28236031‧28236033‧28233123
傳　　真／(02) 28272069
郵政劃撥／01669551
網　　址／www.dah-jaan.com.tw
E-mail／service@dah-jaan.com.tw
登 記 證／局版臺業字第2171號
承 印 者／傳興印刷有限公司
裝　　訂／建鑫裝訂有限公司
排 版 者／千兵企業有限公司
授 權 者／安徽科學技術出版社
初版1刷／2012年（民101年）6月

定　價／200元

大展好書　好書大展
品嘗好書　冠群可期

大展好書　好書大展
品嚐好書　冠群可期